TAO-TE KING

O Livro do Caminho e do Sentido da
Vida para Alcançar a Integridade

Lao-Tzu cavalgando o búfalo.
(Imagem taoista, de Chao Puchih da dinastia Sung.)

Lao-Tzu

TAO-TE KING

O Livro do Caminho e do Sentido da Vida para Alcançar a Integridade

Tradução do chinês clássico, Prefácio,
Introdução e Comentários de
RICHARD WILHELM

Tradução
Margit Martincic

Editora
Pensamento
SÃO PAULO

Título original: *Tao-Te King – Das Buch vom Sinn und Leben.*

Copyright © 1978 Eugen Diederichs Verlag GmbH & Co. KG, Köln.

Copyright da edição brasileira © 1987, 2023 Editora Pensamento-Cultrix Ltda.

2ª edição 2023.

A Editora Pensamento não se responsabiliza por eventuais mudanças ocorridas nos endereços convencionais ou eletrônicos citados neste livro.

Obs.: Publicado anteriormente com o subtítulo: O Livro do Sentido e da Vida.

Editor: Adilson Silva Ramachandra
Gerente editorial: Roseli de S. Ferraz
Gerente de produção editorial: Indiara Faria Kayo
Editoração eletrônica: Join Bureau
Revisão: Vivian Miwa Matsushita

Dados Internacionais de Catalogação na Publicação (CIP)
(Câmara Brasileira do Livro, SP, Brasil)

Lao-Tzu, 604-517 a.C.
    Tao-Te King: o livro do caminho e do sentido da vida para alcançar a integridade / Lao-Tzu; tradução Richard Wilhelm, Margit Martincic. – 2. ed. – São Paulo: Editora Pensamento, 2023.

    Título original: Tao-Te King: das buch vom sinn und leben
    Bibliografia
    ISBN 978-85-315-2282-6

    1. Filosofia oriental 2. Sabedoria – Aspectos religiosos 3. Taoísmo – Doutrina I. Título.

23-149493   CDD-299.514

Índices para catálogo sistemático:
1. Taoísmo: Religião 299.514
Eliane de Freitas Leite – Bibliotecária – CRB 8/8415

Direitos de tradução para a língua portuguesa adquiridos com exclusividade pela EDITORA PENSAMENTO-CULTRIX LTDA., que se reserva a propriedade literária desta tradução.
Rua Dr. Mário Vicente, 368 – 04270-000 – São Paulo – SP – Fone: (11) 2066-9000
http://www.editorapensamento.com.br
E-mail: atendimento@editorapensamento.com.br
Foi feito o depósito legal.

SUMÁRIO

PREFÁCIO

Pretender traduzir Lao-Tzu nos dias de hoje representa quase ter de pedir desculpas a todos os peritos em sinologia, porque, de cem anos para cá, nenhuma outra obra chinesa atraiu tanto a atividade dos tradutores como o *Tao-Te King*. O caráter enigmático e incompreensível do texto proporciona tanto em que pensar e refletir! E, visto ser ele uma obra cuja compreensão tampouco se encontra com muita frequência entre os eruditos chineses, o ânimo do sinólogo incipiente costuma crescer em face da tarefa. No caso de não poder fazê-lo de maneira diferente, este também se sente, no seu íntimo, com o direito de interpretá-la mal, como o fizeram os literatos chineses que não estavam à altura da obra. Esse direito à interpretação individual vai habitualmente até muito mais longe ainda. É dito que, na literatura alemã, circulam diversas imitações livres do velho sábio, cuja origem não é o estudo do texto chinês, mas a apreensão intuitiva que outros tradutores menos inteligentes deixaram escapar do profundo sentido filosófico, ao passarem o texto para o inglês ou para o francês; nessa apreensão, a afinidade espiritual vai quase sempre, de modo estranho, tão longe que o velho chinês chega a apresentar em seus pensamentos uma curiosa concordância com o seu tradutor. Dada essa abundância de traduções, é lícito perguntar por que não se acrescentar mais uma. Houve dois motivos que me encorajaram a reimprimir a presente obra. O primeiro foi o projeto global do empreendimento. Ainda que o seu propósito fosse oferecer apenas os escritos mais importantes da religião e da filosofia chinesas, entre eles não poderia faltar essa pequena obra, que exerceu uma influência tão grande. Acontece também que, justamente por essa obra estar bem no âmago do seu contexto natural, tudo que pareça estranho e ininteligível pode ser esclarecido e corrigido, se for visto sob uma luz elucidativa. O segundo motivo talvez até viesse a calhar, com tantas réplicas modernas do velho chinês, se ele próprio também pudesse novamente ter a palavra.

A literatura sobre Lao-Tzu não é nada escassa. Ao estudá-la, pude averiguar que o que é dito de novo a respeito dele não é, de modo algum, proporcional à quantidade do que é apresentado! Ao contrário, pode-se constatar que certas coisas passam de um livro a todos os seguintes, nos quais em parte são aceitas e em parte contestadas. Nessas circunstâncias, parece de pouco interesse coligir dos livros europeus existentes, mais uma vez, um elemento novo. Antes, parece bem mais atrativo extrair algo da literatura chinesa. Por isso, tanto na tradução como nas elucidações, recorremos geralmente a fontes chinesas. A literatura europeia, embora considerada em segundo plano, não foi deixada de lado. Ainda assim, não deixamos de levar em consideração nenhum dos problemas mais importantes em debate em relação ao *Tao-Te King*. Em determinadas circunstâncias, o silêncio é também uma espécie de consideração, sobretudo quando falta espaço para examinar todos os detalhes que justificam exaustivamente esse ponto de vista. Justamente com referência a Lao-Tzu surgem a cada dia novas descobertas e talvez fosse atraente, também para mim, apresentar uma. No entanto, algumas das coisas que abordamos quanto ao *Tao-Te King* podem parecer antiquadas a algumas pessoas. E haverá outros detalhes que gostaríamos de ver postos às claras, mas é necessário que permaneçam ocultos. No mundo é assim mesmo: não é possível satisfazer a todos. Em resumo, devo muitas boas horas de silenciosa contemplação à minha ocupação com a minúscula obra chinesa e, se houver leitores a quem aconteça o mesmo, não terá sido vã esta tentativa de fazer uma nova tradução.

Registro aqui a minha calorosa gratidão ao docente da nova universidade alemã-chinesa de Tsingtao, doutor Harald Gutherz, que enriqueceu as elucidações da seção LXXX, cedendo-me um conto estilizado por ele, e também ao professor Friedrich Boie, de Thorn, que teve a bondade de ler as correções.

Tsingtao, 1º de dezembro de 1910
– RICHARD WILHELM

À REIMPRESSÃO DE 1978

No seu laconismo epigramático, o *Tao-Te King* é um livro de sabedoria quase tão inesgotável como o próprio *Tao* – de cujo *sentido* ele trata. Passados quase 3 mil anos do seu surgimento, o forte efeito direto que exerce ainda hoje sobre nós resulta do fato de Lao-Tzu expressar seus reconhecimentos em imagens totalmente elementares e mesmo quase arquetípicas.

Contudo, o conhecimento mais exato do ambiente cultural em que surgiu e atuou essa obra nos ajudará a compreendê-la mais profundamente. O que significa para a cultura chinesa o *Tao*, e o que pode significar para nós também, Richard Wilhelm expôs em seu comentário "Os ensinamentos de Lao-Tzu", publicado pela primeira vez em 1925. Por ser um importante complemento ao texto da edição anterior, esse comentário foi incluído na presente reimpressão.

INTRODUÇÃO

A Personalidade do Autor

É muito restrito o conhecimento historicamente apreciado que temos sobre o autor dessa coleção de aforismos. É tão reduzido que a crítica sinológica, ainda nos primeiros passos, na maioria das vezes sequer atentou para isso, atribuindo-lhe, junto com a sua obra, um lugar no terreno dos mitos. Considerando o seu modo de ser, provavelmente o próprio autor faria muito pouca objeção a isso. Ele jamais deu importância à fama e soube ocultar-se muito bem dos olhos do mundo, tanto em vida como depois da morte. "A sua ambição era esconder-se e permanecer anônimo", é o que diz dele o historiador chinês Si-ma Tsién (163-85 a.C.). Devemos a esse historiador os dados mais importantes sobre a vida de Lao-Tzu e temos de nos contentar com eles. Lao-Tzu, nome com que ele é conhecido na Europa, não é sequer um antropônimo, mas um apelido cuja melhor tradução é "ancião".* Seu nome de família era Li que, na China, é ainda mais frequente do que o nome alemão Maier; na juventude, seu nome era Erl (orelha); como erudito, recebeu o nome de Be Yang (Conde Sol) e, após a morte, o de Dan, a saber, Lau Dan (literalmente, "velha orelha comprida", cujo sentido é "velho professor"). Provavelmente natural da atual província de Ho-nan, ao sul das chamadas províncias do norte, era possivelmente meio século mais velho do que Kung, o seu nascimento tendo ocorrido no fim do século VII a.C. Com o decorrer do tempo, ocupou o cargo de arquivista na corte imperial que, naquela época, estava em Lo-yang (da província de Ho-nan). Supõe-se que foi então que Confúcio se encontrou com ele, ao viajar para a corte imperial. Na literatura chinesa, fala-se muito desse encontro dos dois heróis. Esse encontro é relatado, de modo direto ou indireto, não só na obra histórica já mencionada, como também na obra *Li Gi*, que tem origem na escola confuciana e, além disso, nas "palestras escolares confucianas" (*Gia Yü*) – muito posteriores –, como também na literatura taoista dos primeiros tempos. Seja como for, na época da dinastia Han (século II a.C.), o conhecimento desse encontro já era tão familiar à consciência do povo que nas famosas esculturas sepulcrais existentes em Wertschantung (perto de Gia

---

* É linguisticamente impossível a tentativa de traduzir *Lao-Tzu* por "velhos filósofos" e, desse modo, ver na palavra apenas um nome coletivo para designar muitos sábios da Antiguidade (H. Gipperich). *Lao* quer dizer *senex* e não *vetus*; *veteres* em chinês é *Gu Yen*.

Siang) pode-se encontrar uma escultura que representa o modo como Confúcio, ao se encontrar com Lao-Tzu, entrega-lhe, como presente de honra, um faisão. Sobre as conversas ocorridas nessa ocasião, há os mais variados relatos. Todos são unânimes em afirmar que Lao-Tzu se manifesta de maneira muito depreciativa em relação aos heróis antigos, que eram ídolos venerados de Confúcio, procurando convencê-lo da inutilidade dos esforços culturais deste, enquanto Confúcio expressa, diante dos seus discípulos, a mais alta consideração pelo sábio de inatingível profundidade, comparando-o ao dragão que se eleva às nuvens. É possível recompor o teor dessa entrevista, em suas linhas gerais, pelos pronunciamentos do *Tao-Te King*, assim como pelos relatos sobre o encontro de Confúcio com o "sábio oculto", constantes do *Livro 18* de *Os Analectos*. É evidente que não se pode mais verificar com segurança nada sobre o teor literal dessa entrevista. É difícil decidir se a totalidade da entrevista deve ser remetida ao reino das fábulas, como Chavannes tende a fazê-lo na sua tradução de Si-ma Tsién (*Les mémoires historiques de Si-ma Tsién*, vol. V, Paris, 1905, p. 300ss.). É instigante o fato de que, em *Os Analectos*, em que várias outras entrevistas desse gênero são mencionadas, nada conste sobre isso.*

---

* Ou seriam *Os Analectos*, XVIII, 5, uma manifestação polêmica um tanto malévola contra essa história da entrevista divulgada pela facção taoísta? (Dizem que Lao-Tzu é natural de Tchou.) Nesse caso, esse ponto seria um comprovante indireto. Porém, seja como for, mais tarde o assunto teria de ser esquecido outra vez, porque, nos comentários, o "tolo de Tchou" nada tem a ver com Lao Tzu.

15

Dizem que Lao-Tzu teria se retirado porque a situação pública havia piorado tanto que já não havia mais esperança de restabelecimento da ordem. Chegando ao desfiladeiro Han Gu – segundo a tradição, cavalgando um boi preto –, o guarda da fronteira teria pedido a ele que deixasse algo escrito. Imediatamente, ele teria escrito o *Tao-Te King*, composto de mais de cinco mil signos. Depois, teria seguido na direção oeste, embora ninguém saiba para que lugar. É compreensível que esse relato se relacione também com a lenda que leva Lao-Tzu à Índia e ali o faz entrar em contato com Buda. Nas discussões posteriores entre as duas religiões, ambas afirmavam que o fundador de uma religião teria aprendido com o fundador da outra. No entanto, na realidade o desfiladeiro Han Gu está situado no oeste do estado Dschou daquela época, e no ponto central da China. Seria impossível qualquer contato pessoal de Lao-Tzu com Buda. No quadro histórico devem ter sido inseridas situações posteriores.

Mas as coisas não pararam por aí. Justamente porque a vida do "ancião" oferecia pouquíssimos pontos de apoio à pesquisa, a lenda podia, com mais liberdade, servir-se dele. A personalidade secreta do "ancião" agigantou-se cada vez mais até diluir-se numa figura cósmica que, nas mais diversas épocas, teria surgido na Terra. Nem é necessário mencionar, em nosso contexto, as tolas brincadeiras urdidas com o nome de Lao-Tzu (nome que também pode ser traduzido por "criança velha").

Com base na história da vida de Lao-Tzu, a escassez e a incerteza das notícias resultam em pouquíssimos esclarecimentos a respeito da sua obra. Do mesmo modo que toda a história se dissolve no sentido místico em luminosidade imaterial, o mesmo também ocorre com a história de uma vida. No entanto, a partir dos aforismos aqui presentes, uma personalidade original e inimitável se dirige a nós, o que, a nosso ver, é a melhor comprovação da sua historicidade. Porém, é preciso ter sensibilidade quanto a essas coisas; não se pode discutir sobre isso. Em última análise, essa questão não tem valor algum. O *Tao-Te King* existe; não importa quem o escreveu.

A Obra

Na literatura chinesa, fala-se mais da obra que da vida pessoal do autor, visto que uma de suas frases é citada e criticada em *Os Analectos*, de Confúcio (Livro XIV, 36). Não é de todo impossível que essa frase provenha de fontes ainda mais antigas e acessíveis, sem relação a Lao-Tzu. Porém, não dependemos exclusivamente desse fato. É preciso apurar, em primeiro lugar, se na literatura taoista há citações. E, de fato, não há falta disso. Pode-se constatar que a maior parte das LXXXI seções do *Tao-Te King* é citada pelos autores taoistas mais importantes da época anterior a Cristo, dezesseis dos quais já encontramos em Lao-Tzu (editado no século IV a.C.). Chuang-Tzu, um dos mais brilhantes escritores taoistas que viveu no século IV a.C., baseou todas as suas exposições inteiramente nos ensinamentos do *Tao-Te King*, e de tal modo que não se pode imaginá-lo sem estes. Han Fe Tzu, falecido em 230 a.C., na época de Tsin Chi Huang Di, tem, nos *Livros* 6 e 7, elucidações, em parte muito pormenorizadas, sobre XXII seções ao todo. E ainda Huai Nan Tzu, contemporâneo de Si-ma Tsién (morto em 120), explica, no *Livro* 12, um após outro, quase sempre com base em exemplos históricos, XLI seções. Desse modo conseguem-se testemunhos de, no mínimo, três quartos das seções. Trata-se de uma proporção bastante razoável, em se tratando de um opúsculo da brevidade do *Tao-Te King*. Mas isso é prova também de que o *Tao-Te King* não é uma falsificação budista de um período posterior, salvo se se fizer com que descenda da grande fábrica de Si-ma Tsién & Cia., descoberta cuja honra cabe ao Sr. Allen.

Na dinastia Han, vários imperadores se dedicaram ao estudo do *Tao-Te King*, sobretudo Han Wen Di (197-157 a.C.), cuja maneira pacífica e singela de governar é tida como fruto direto dos ensinamentos do velho sábio. Han Ging Di, seu filho (156-140 a.C.), deu ao livro, finalmente, o nome de *Tao-Te King*, que significa "livro clássico do sentido e da vida", mantido desde então na China.

Dizem que Han Wen Di recebeu o livro de Ho Chang Gung (que quer dizer o "senhor junto do rio"), o qual lhe teria acrescentado um comentário. Não há nada de claro sobre a personalidade desse homem, cujo nome ninguém conhece. Até mesmo escritores chineses (é verdade que de épocas posteriores) duvidaram de sua existência. No entanto, é a partir desse momento que os comentários se tornam mais numerosos. Só no catálogo da dinastia Dan são citados três. O mais antigo dos comentários fidedignos existentes até hoje é o de Wang Bi, um jovem maravilhosamente talentoso, que morreu em 249 d.C. com a idade de 24 anos. Desde então acumulam-se os comentários dos mais diversos matizes. Até o fundador da atual dinastia Manchu mandou editar um comentário muito famoso com o seu nome. Enumerar aqui detalhes seria ir longe demais. Não é necessário comprovar que uma obra como o *Tao-Te King* sofreu muitas vicissitudes nas tempestades dos tempos antigos, de modo que o seu texto já não se apresenta mais em condições brilhantes. As explicações sobre cada uma das seções tratarão disso com mais detalhes. A divisão em seções não é do original e somente as duas partes principais relativas ao *sentido* (*Tao*) e à *vida* (*Te*) parecem ser bem antigas, a julgar pelas palavras iniciais. Elas foram reunidas posteriormente no nome *Tao-Te King*. A divisão nas seções XXXVII e XLIV, que foi mantida por nós, e os seus cabeçalhos – que nem sempre se correspondem e que, na presente edição, deixamos de lado –, dizem que remontam a Ho Chan Gung.

As mais antigas gravuras em madeira são da época da dinastia Sung.

Situação Histórica

A luz da antiga China concentra-se em dois focos: Confúcio e Lao-Tzu. Para poder apreciar a influência de cada um, é preciso lembrar as condições históricas nas quais eles viveram. Quanto a Confúcio isso é muito claro. Ele viveu a realidade histórica, por isso está bem inserido no seu contexto. *Os Analectos*, por exemplo, estão repletos de referências às personalidades da época e da história, bem como de apreciações sobre essas personalidades. Se eliminássemos todas essas referências, Confúcio se tornaria incompreensível. Por essa razão, ele é até hoje estranho à vida intelectual europeia, que tem relações históricas diferentes, e isso, por outro lado, é motivo para ele ter influenciado tão profundamente, ao longo dos milênios, a vida espiritual da China. Quanto a Lao-Tzu, as condições parecem ser muito diversas. Em todo o seu opúsculo, ele não cita nenhum nome histórico, tampouco se preocupa com o seu momento histórico. Por isso ele desaparece, para a China, em nebulosas distâncias, uma vez que ninguém lhe pode seguir o rastro. É justamente esse o motivo pelo qual exerceu tão grande influência na Europa, apesar da distância que o separa de nós, no espaço e no tempo.

No seu Comentário, o japonês Dazai Shuntai descreve muito bem os princípios de ambos os homens. Primeiro, ele fornece um resumo das situações históricas que envolveram os dois e, em seguida, diz que Confúcio teria considerado o povo como crianças que, por falta de cautela, teriam se aproximado demais do fogo ou da água, e que deveriam ser salvas a todo custo. Ele teria reconhecido muito bem quão difícil seria esse resgate, mas nem por isso a obrigação de salvá-las o abandonou. De modo que ele teria tentado, por todos os meios imagináveis, aplicar os ensinamentos dos santos antigos como solução. Por isso, andou incansavelmente, durante a melhor parte da sua vida, em busca de um príncipe disposto a pôr em prática esses ensinamentos. Não foi uma atividade sem sentido ou a busca vaidosa da fama que o teriam levado a esses desesperados esforços, mas a inexorável obrigação de ajudar e por saber que possuía os meios para isso. Porém tudo foi em vão, porque a situação se agravava mais e mais e de modo algum as circunstâncias contribuíram para ajudá-lo, então ele se resignou. Apesar de tudo, nunca se esqueceu de sua obrigação; entre os seus discípulos e por meio da sua atividade literária teria criado uma tradição pela qual as bases da boa organização social antiga seriam conservadas para a posteridade, podendo seus ensinamentos chegar ao futuro como sementes, quando um dia as condições novamente se tornassem favoráveis e houvesse um ponto de apoio para reconduzir o mundo à ordem. Ao contrário disso, Lao-Tzu teria reconhecido que a doença da qual o reino sofria não era do tipo que se pudesse tratar com alguns remédios, ainda que fossem os melhores, porque o corpo do povo estava numa condição que não dava nem para viver nem para morrer. Ele teria reconhecido que, na verdade, em períodos anteriores, também haviam predominado condições péssimas; porém, naqueles tempos, o mal teria sido quase que incorporado em algum tirano e a grande reação da fúria do povo teria se concentrado num nobre inovador, impondo, com um ato enérgico, uma ordem nova, e melhor, no lugar da anterior. Na época do fim da dinastia Chou, as coisas foram diferentes. Não havia grandes vícios nem virtudes fortes. É verdade que o povo sofria a pressão dos seus superiores, mas não tinha força para um ato enérgico de vontade. Os seus erros não eram erros e os seus méritos não eram méritos, e uma profunda falsidade interior havia corroído todos os relacionamentos, de modo que aparentemente ainda se falava do amor humano, da justiça e da moral como de ideais elevados, enquanto interiormente a ganância e a sede de poder envenenavam tudo. Nessas circunstâncias, todo movimento com vistas a querer ordenar as coisas só poderia aumentar a desordem. Esse tipo de doença não pode ser tratado por meios exteriores. O melhor seria, antes de tudo, deixar que o corpo enfermo pudesse relaxar, a fim de se refazer primeiramente pelas energias restauradoras da natureza. Teria sido esse o sentido do legado que ele deixara ao sair do mundo, nas cinco mil palavras do *Tao-Te King*.

As exposições acima, feitas resumidamente, explicam de modo suficiente a fadiga de Lao-Tzu em relação à história e a razão pela qual ele não cita um único exemplo histórico em seu pequeno livro. Em meados do século XVIII, Rousseau proclamou a mesma verdade com a sua "volta à natureza", ainda que num ritmo diferente e com outra ênfase. No entanto, seria errado excluir Lao-Tzu da vida intelectual chinesa; mil laços o ligam a ela. É verdade que os fatos históricos propriamente ditos não participam do seu campo de visão, mas apesar disso ele conhecia a Antiguidade chinesa, contando para isso com a oportunidade que lhe proporcionava a sua função no arquivo imperial. E difundiu seus ensinamentos fazendo referência aos velhos provérbios e explorando-os de maneira espontânea. Seu livro está recheado de citações, que são usadas tanto expressa como tacitamente, sendo talvez estas últimas a maioria. O simples fato de a seção VI do *Tao-Te King* ser atribuída por Lao-Tzu ao imperador Amarelo, potentado místico da pré-história, já mostra, de maneira evidente, que há muita coisa no *Tao-Te King* que havia sido transmitida igualmente em outros lugares. Tem o mesmo sentido a circunstância de Tu Tao Giën (segundo Saint Julien) fazer remontar ao livro *(San) Fen (Wu) Diën*, atribuído também ao imperador, todos os trechos iniciados pela frase "assim também o sábio". Seria difícil ou impossível seguir a pista de cada uma de todas essas citações. Porém isso não tem nenhuma importância para o assunto, porque, ao longo de toda a obra, perpassa um espírito unitário tão forte que tudo quanto há nela passou a ser, na verdade, propriedade do autor, seja qual for a sua proveniência. Para nós, aqui, basta o fato de Lao-Tzu representar também a continuidade de uma antiga orientação espiritual chinesa tão bem quanto Confúcio. Isso se evidencia até mesmo nos escritos da própria escola confuciana. As noções do *Tao*, traduzido por nós como *sentido*, e de *Te*, traduzido como *vida*, encontram-se, também, nos escritos confucianos, em posição de evidência. Neles aparecem apenas sob luz diferente, com frequência havendo até mesmo uma situação em que se pode observar uma crítica recíproca direta praticada pelas duas tendências, de modo que o início do *Tao-Te King* já é uma crítica à noção do *Tao*, tomada de modo unilateral como sendo historicamente o "Caminho dos reis antigos", tal como era costume entre os partidários de Confúcio. O trecho de *Os Analectos*, de Confúcio, que trata do conceito do *Te* defendido por Lao-Tzu já foi mencionado antes. Por outro lado, em outros aspectos reina total concordância entre as duas tendências, como, por exemplo, no elevado valor dado à "não ação" como princípio de governo. Há uma irreconciliável oposição na apreciação do *Li* (moral, regras de bons costumes), que ocupa a posição central para Confúcio, ao passo que Lao-Tzu apenas o considera um fenômeno de degeneração. Isso se relaciona, por um lado, com o ponto de vista cético que Lao-Tzu manifesta em face de toda a cultura; por outro, parece que justamente nisso ele remonta a valores mais antigos do que Confúcio, que se identifica conscientemente com os fundadores da dinastia Chou no que se refere a todos esses assuntos. Nesse sentido, os taoistas posteriores tiveram uma intuição acertada dos fatos, quando tiraram a maioria dos seus santos da época anterior à dinastia Chou (comparar com Fong Chen Yen I). Tudo isso nos indica que Lao-Tzu tinha, no mínimo, o mesmo contato espiritual com a Antiguidade que Confúcio, que parece ter corrigido bastante – de acordo com os seus próprios pontos de vista – o material transmitido. A melhor confirmação da nossa opinião é que sobrou muito do taoismo justamente nesse material corrigido, assim como no *Livro dos documentos* (*Chu Ching*) e especialmente no *Livro das mutações* (*I Ching*).

É possível que no decorrer desse período, em que todo mundo se sentia tão orgulhoso do progresso, de tempos em tempos, Lao-Tzu tenha se sentido solitário; esse foi o destino que ele compartilhou com todos os pensadores autônomos de todos os tempos, e parece-lhe ser muito fácil resignar-se a isso.

Lao-Tzu não fundou uma escola, como Confúcio. Para isso, não tinha vontade nem necessidade, porque não lhe interessava difundir uma doutrina. Concentrou-se na observação das grandes interdependências que há no mundo, e o que viu transformou penosamente em palavras, deixando que os espíritos afins de épocas posteriores seguissem, autonomamente, suas indicações e contemplassem, nos inter-relacionamentos do mundo, as verdades que ele descobriu. Também isso ele conseguiu. Em todas as épocas têm havido pensadores que, em meio aos fenômenos passageiros da vida humana, elevaram o olhar para o significado eterno dos acontecimentos mundiais, cuja grandeza ultrapassa o pensamento humano, e que nesse olhar encontraram a paz e a leveza que lhes possibilitou não levarem mais tão a sério a chamada seriedade da vida, porque, em princípio, ela não contém nenhum valor. Mas eles também permaneceram solitários. É peculiar que essa maneira de compreender a vida não se deixe cultivar pela massa. Aliás, nem todos os filósofos possuíam a "doutrina pura". Cada qual tinha a sua maneira própria e fez disso o que pôde, desde Lië Yü Kou (Lao-Tzu) e Chuang Chou (Chuang-Tzu), que já mencionamos, passando pelo "epicurista" Yang Chou e pelo "filantropo" Mo Di (Met-sé), os dois bodes expiatórios do confuciano ortodoxo Mong Ko (Mêncio), até o sociólogo Han Fe (Han-fe-Tzu), contemporâneo de Tsïn Chï

Huang Dis, e o "Romântico no Trono" de Huai Nan, Liu An (co-mumente chamado de Huainan-Tzu).

Mas também houve, em tempos posteriores, um ou outro fiel discípulo de Confúcio que, mergulhado na luta pela vida, foi instigado pelos golpes desta a refletir; e ele trocou todo o fausto e sofrimento do mundo por um tranquilo recanto na montanha ou nas proximidades de um lago, procurando nas linhas do *Tao-Te King* a compreensão das suas experiências. No meio de inumeráveis exemplos, basta citar apenas um. Perto de Tsingtau, há uma serra de nome Lau Chan, cuja fama é muito difundida na literatura chinesa como a "ilha dos bem-aventurados". Românticos penhascos circundam mosteiros ocultos que, dos seus esconderijos nos bosques de bambu, em meio a uma flora quase subtropical, debruçam-se sobre o azul do grande mar. Mais de um alto funcionário naufragado na agitação dos partidos da corte imperial encontrou, nessa solidão das montanhas, a paz, mediante a contemplação da natureza virgem da busca do sentido dos versos do *Tao-Te King*. Há uma descrição dos sítios do Lau Chan, cujas cópias são distribuídas exclusivamente naqueles mosteiros e das quais obtive uma. Ela é oriunda da época selvagem em que a decadente dinastia Ming foi suplantada pela atual dinastia. Um censor imperial aproveitou o ócio involuntário que obtinha por causa da sua idade para fazer essas anotações. Em quase cada linha está presente a influência das palavras do "Ancião". A introdução já começa com uma exposição que revela o seu espírito: "O ser adquire um valor verdadeiro quando, pelo contato com os fundamentos profundos do mundo, é capaz de brilhar com a sua própria luz. Só que a grande arte não precisa de enfeites, a grande vida não brilha, uma joia de valor surge de um invólucro áspero. Como se pode conjugar isso? Justamente pelo reconhecimento de que a luz verdadeira não precisa da aprovação dos homens, e ela quase chega a se envergonhar do seu brilho. O significado das boas dádivas do céu e da Terra não se baseia no fato de serem elas úteis aos objetivos humanos. Pode-se até mesmo dizer que aquilo que não possui tanta grandeza, que, a partir do exterior, não se possa acrescentar mais nada, de modo algum poderá ser chamado de grande". Mas os efeitos que Lao-Tzu obteve não se limitam à China. O japonês já citado diz a seu próprio respeito: "Apesar de ter nascido dois mil anos mais tarde, esforcei-me durante toda a vida com perseverança, fiel aos ensinamentos de Confúcio, para colaborar com a realização deles. Mas também se poderia dizer de mim que superestimei a minha força. Agora estou próximo dos 70 anos e rapidamente os meus dias se aproximam do fim. Minha vontade ainda é firme, mas as minhas forças físicas diminuem aos poucos. Aqui estou sentado, assistindo às mudanças de todas as situações e vendo como tudo caminha para a decadência. E mesmo que, entre nós, se levantasse um profeta, ele não poderia ajudar mais". Esse é o mesmo estado outonal daquele tempo em que Lau Dan assentou os seus cinco mil signos. Nestes últimos tempos, é bem melhor a "não ação" do "Ancião" ao "*Tao* dos reis antigos".

Há anos, num dos citados mosteiros do Lau Chan, denominado "caverna da nuvem branca" (Be Yün Dung), foi elaborada, em sessões espíritas, pelo método psicográfico – amplamente divulgado na China – uma obra em dois volumes, na qual, um após o outro, os santos e sábios da Antiguidade chinesa comunicavam, dos seus túmulos, os seus ensinamentos. O livro é como essas produções costumam ser. Contém muito de misterioso, de obscuro, tem muitos trechos de encanto poético, mas nada que de algum modo possa conferir a ele um valor que ultrapasse o interesse psicológico. As palavras desses heróis falecidos, pertencentes a todas as linhas espirituais e dirigidas aos seus discípulos, nas suas ideias básicas assemelham-se e se harmonizam todas com as visões pessoais dos dirigentes das sessões espíritas. Um dos trechos dessa obra é especialmente divertido: "Quando Lao--Tzu comunicava os seus ensinamentos (que parecem ter permanecido, de modo bastante consequente, os mesmos ao longo dos milênios desde que escreveu o *Tao-Te King*), de repente, fez uma interrupção e declarou que, naquele instante, estava sendo chamado a Londres (*Lun*), na Inglaterra (*Ying*), onde tinham necessidade dele e que, em tempo mais oportuno, prosseguiria a sua aula". Será que o velho sacerdote, no seu remoto mosteiro montanhês, no qual, naquela época, nenhum europeu pusera os pés, tivera um pressentimento de que Lao-Tzu começaria a tornar--se... moda na Europa? Seja como for, o fato é que nos nossos dias os laços que partem de Lao-Tzu começam a se unir cada vez mais também na Europa. O exemplo mais convincente disso é Leon

Tolstoi que, com a sua doutrina do "não fazer nada", sabia estar confessadamente ligado a Lao-Tzu, e ser muito estimado por ele. Mas também a grande quantidade de traduções do *Tao-Te King*, divulgadas atualmente, provam a tendência do tempo para os ensinamentos do "sábio oculto".

O leitor deve ter observado que, até aqui, nada foi mencionado a respeito das relações de Lao-Tzu com o taoismo. Supõe-se que deveriam ter sido óbvias. Essa omissão foi plenamente intencional, porquanto Lao-Tzu não é o fundador da atual religião taoista. O fato de ele ser venerado como um deus pelos adeptos dessa religião não nos deve confundir. É natural que, desde tempos antigos, não faltassem pessoas na China que soubessem inserir suas próprias visões no *Tao-Te King*, quer tentassem unir os seus ensinamentos com os de Confúcio, ou encontrassem nele uma tendência ao cultivo da contemplação, quer buscassem ajuda para produzir o elixir da vida ou a pedra filosofal, que transforma o chumbo em ouro, quer o utilizassem para as teorias militares ou para o código penal, quer o relacionassem com o politeísmo animista ou com determinados ritos vegetarianos ou antialcoólicos ou compilassem do texto as fórmulas mágicas para abençoar ou amaldiçoar, e até nos círculos das fraternidades políticas secretas, que planejavam a queda do poder constituído com o uso da magia dos espíritos, em diversas épocas. Por toda parte o velho sábio tinha de servir com o seu nome. No entanto, como afirma com muito acerto um erudito chinês, todas essas tendências não passam de incursões na obra de Lao-Tzu.

A costumeira divisão da religião chinesa em confucionismo, taoismo e budismo é reconhecidamente insuficiente e não corresponde à realidade. Se quisermos ter uma visão da verdadeira situação religiosa, precisaremos, antes de tudo, eliminar o budismo, que não se originou na China, e classificá-lo ao lado do islamismo e do cristianismo entre as religiões estrangeiras, mesmo que, dentre estas, ele tenha exercido a maior influência sobre a vida religiosa chinesa. Com efeito, o confucionismo não é uma religião, mas uma filosofia política, que aplicou em seu sistema social os elementos religiosos existentes, sem, no entanto, elaborá-los nos seus outros aspectos; sua atividade era apenas ordenadora. De tudo quanto foi dito até este ponto resulta, como lógico, que o taoismo de Lao-Tzu não possuía nenhuma força para formar igrejas. Na realidade, o que hoje em dia se costuma chamar de taoismo provém de fontes bem diferentes do *Tao-Te King* de Lao-Tzu. O taoismo nada mais é do que a religião popular animista da antiga China, que, mesclada com doutrinas hindus, foi levada a um determinado sistema. É muito provável – e isso resulta de vários trechos de *Os Analectos*, de Confúcio – que essa religião animista popular – que, ainda por cima, antigamente era diferente em cada lugar e só em consequência da união política das respectivas tribos constituiu um aglomerado – já existia muito antes de Lao-Tzu e de Confúcio; e, na psique do povo, ela também foi preservada até hoje. Esse animismo é uma coisa que se encontra nas psiques em todas as partes do mundo, tanto na Europa cristã como no helenismo, ou em Israel. A única diferença é que apenas no judaísmo e no cristianismo ele é rotulado como superstição, enquanto na China, por exemplo, tem uma existência relativamente intacta, como algo suficientemente bom para a domesticação da grande massa, tirando do homem culto o privilégio de considerá-la, segundo o critério do grau de cultura atingido ou da disposição do momento. Por isso, esse "taoismo" também não representa nada que, por algum motivo, tenha de entrar em conflito com o confucionismo em si. Onde surgiram esses conflitos eles foram causados por divergências de natureza política. Querendo conhecer os heróis dessa espécie de taoismo, cuja principal força reside no exorcismo e na magia, teríamos de citar We Be Yang, do período da dinastia Han, que "inventou" o "elixir da vida", ou Dchang Dau Ling (nascido em 34 a.C.) e Kou Kiën Dchï (423 a.C.), por meio dos quais surgiu a dignidade do papado taoista com o título de Tiën Schï (professor do céu), até hoje transmitido como herança, pela metempsicose, na família Chang, de modo semelhante ao dalai-lamismo. Nada disso tem a ver com Lao-Tzu, da mesma maneira que a bondade do destino impediu que ele fosse eleito papa do taoismo.

O Conteúdo do *Tao-Te King*

Toda a metafísica do *Tao-Te King* baseia-se fundamentalmente na intuição, inacessível à fixação rigorosa de noções; Lao-Tzu designa-a com a palavra *Tao* (pronuncia-se "dau") apenas para dar um nome aproximado (ver a seção XXV). Desde o início, houve divergência de opiniões quanto à tradução correta dessa palavra. "Deus", "caminho", "razão", "verbo", "logos", são algumas traduções propostas, enquanto parte dos tradutores simplesmente leva o *Tao* para as línguas europeias, sem traduzi-lo. No fundo, pouco importa a expressão, porque, para o próprio Lao-Tzu, ela era apenas uma espécie de sinal algébrico para algo impronunciável. Ao que parece, foram sobretudo motivos estéticos que recomendavam, na tradução alemã, a utilização de uma palavra alemã. Optamos pelo termo *Sinn* (sentido, significado). Essa escolha apoia-se num trecho do *Fausto* (Parte I), de Goethe, em que, voltando de seu passeio de Páscoa, Fausto se põe a trabalhar na tradução do Novo Testamento e, entre outras coisas, tenta traduzir as palavras iniciais do Evangelho de São João como "No princípio era o sentido".* Parece ser essa a tradução que melhor corresponde aos diversos significados do *Tao* chinês. A palavra chinesa parte do sentido de *caminho*, que, daí, se amplia para "direção", "estado" e, em seguida, para "razão", "verdade".

Usada verbalmente, a palavra significa "falar", "dizer" e, metaforicamente, "conduzir". Os significados colaterais, que no momento não vêm ao caso, seriam ainda "redor", "distrito" etc. A palavra *sentido*, que escolhemos, [na versão alemã], tem também, em sua origem, o significado de "caminho", "direção", e mais: 1. "o interior do homem orientado para algo"; 2. "o interior do homem como sede da consciência, da percepção, do pensar, do

---

* Na tradução da Bíblia para o chinês, quase sempre a palavra *logos* é traduzida por *Tao*.

refletir-ver: "o sentido interior"; 3. "a vida sensorial do corpo", usado de preferência no plural; 4. "opinião", "imaginação", "significação de palavras", "atos". Com exclusão do item 3, por ser inútil aqui, é bem grande a identidade dos significados. Aliás, para distinguir o caráter algébrico da palavra, ela foi escrita, sem exceção, com maiúsculas.

Para justificar de vez a tradução da outra palavra, que sempre aparece repetidamente – *Te* (pronuncia-se "de") –, queremos observar que a definição chinesa da mesma é: "O que os seres recebem para nascer denomina-se *te*". Por isso (e também com apoio em João 1.4: "O que foi feito nele era a vida, e a vida era a luz dos homens"), traduzimos a palavra por *vida*. Mas seria também possível traduzi-la por "natureza", "ser", "espírito", "energias", traduções que foram usadas com frequência em *Os Analectos*, de Confúcio, mas que foram evitadas por nós por colidirem com outras expressões. A tradução costumeira por "virtude", própria de tratados moralistas posteriores, adapta-se ainda menos a Lao-Tzu do que a Confúcio.

Se, após essas observações sobre as duas palavras fundamentais da obra, passamos a procurar a visão com base na qual Lao-Tzu elaborou sua metafísica, podemos constatar, desde o início, a sua fundamental discrepância da filosofia grega antiga. A visão dos antigos filósofos gregos é orientada para o exterior, onde procuram um princípio para a explicação do mundo. Nesse sentido, não é por acaso que suas obras, na sua maioria, têm o título de περὶ φύσεως. Ao elaborar até as suas últimas consequências um princípio tão unilateral, sua limitação sempre se revelava num determinado ponto. Nesse terreno, não faz nenhuma diferença considerar como princípio básico a água, o fogo, os átomos, o ser ou a matéria do espírito; será sempre apenas um único aspecto da experiência total, que, na sua aplicação, forçosamente tem limites. Essa é também a razão pela qual os diversos sistemas filosóficos se revezam continuamente no período cosmológico da filosofia grega; falta a todas elas o fundamento central. Por isso, na passagem para o domínio psicológico, revela-se a fraqueza capital de todos esses sistemas. Um sistema cujo princípio é cosmológico jamais pode ir além de uma psicologia materialista. Como sabemos, a transformação do pensamento grego atravessou o período subjetivista e cético dos sofistas e somente no terceiro período, com a aplicação de todo o material repetidamente trabalhado, coube a criação dos grandes sistemas de Demócrito, de Platão e, especialmente, de Aristóteles, que, em sentidos diferentes, encaminharam a coordenação homogênea do pensamento.

O pensamento chinês andou por caminhos sensivelmente diferentes. Nem Confúcio nem Lao-Tzu abandonaram o caminho humanístico. É de importância fundamental perceber isso muito claramente, sobretudo no que diz respeito aos ensinamentos de Lao-Tzu. E, apesar de a orientação de Confúcio ser sempre no sentido da ética social, dificilmente contestada, o *Tao* de Lao-Tzu parece ser antes algo puramente cosmológico. No entanto, isso é apenas aparentemente. Repetidas vezes, Lao-Tzu indica o ponto de partida para o seu conhecimento intuitivo, ou, em outras palavras, para as suas opiniões (ver seções XXI e LIV). Uma vez ele fala do *sentido*, e outra, da *vida*. Em ambos os exemplos ele conclui com a pergunta expressa: "De onde sei que isso é assim?" (quando se refere ao que afirmou anteriormente sobre o *sentido*, assim como sobre a *vida*). Segue-se a resposta que, de início, causa estranheza: "Justamente por isso". A posição enfática em que essas palavras se encontram força-nos a dar-lhes um significado que ultrapassa a afirmação de uma mera tautologia. Dessa conexão, resulta que o motivo do conhecimento é, em ambas as vezes, um princípio geral que, no entanto, também existe no próprio indivíduo que pensa. É justamente pela participação do indivíduo no princípio geral da verdade que a evidência, a raiz de toda certeza, é garantida. Transposta para o terreno prático, essa frase é mencionada três vezes: "O sábio larga aquilo e se mantém nisso" (ver seções XII, XXXVIII e LXXII). Qualquer princípio resultante da experiência externa se tornará imediatamente antiquado e será desmentido no curso do tempo, porque, com o progresso do homem, modifica-se também o reconhecimento do mundo (e, no fundo, o mundo reconhecido é o único "mundo" existente). Mas o que é reconhecido a partir da experiência central (da luz interior, como dizem os místicos) permanecerá irrefutável, se for contemplado de modo realmente puro e certo. Desse modo, nem o adversário mais tenaz de Lao-Tzu, o profeta cultural Han Yü, consegue fazer-lhe outra censura a não ser esta: que ele estava sentado num poço e não enxergava o mundo; mas homem algum podia refutar a parte que ele via.

Com atenção, observa-se que não é o "eu" casualmente individualizado e psicologicamente condicionado que Lao-Tzu considera; esse "eu" é apenas a sede da ilusão e do perigo. Ele trata, antes de tudo, do "eu" puro, que é próprio do homem em si. Para ir do "eu" empírico até esse "eu" superindividual, necessita-se, logicamente, de uma ampla abstração de tudo o que é casual e particular. Por isso, essa penetração no superindividual parece ser uma redução, ao passo que o movimento de pesquisa que acumula diversos conhecimentos assemelha-se a um acréscimo (ver seção XLVIII). Acima de tudo, o que importa é o coração ficar vazio; só depois ele poderá compreender as grandes verdades. Lao-Tzu enaltece repetidas vezes o coração vazio como um estado ideal, tanto na esfera do reconhecimento como da prática; não se deve esquecer, para uma compreensão correta, que "coração", em chinês, tem significado bem diferente do aplicado no contexto europeu, por influência do cristianismo. A associação primordial para o europeu é com a coragem, isto é, com o ânimo, e isso dá-lhe o tom; para o chinês o "coração" é, por ora, apenas um dos cinco sentidos, localizando-se justamente no complexo sensorial que transmite o contato imediato com o mundo exterior e que, popularmente, se costuma designar como sentimento. De conformidade com isso, o coração é também a sede do desejo pelas coisas exteriores. Todo o enredamento com o mundo exterior empírico, por meio dos sentidos e dos apetites, é para Lao-Tzu uma coisa muito perigosa, que impede também o verdadeiro reconhecimento, porque produz apenas um brilho falso (seção XII). O meio de penetrar na verdade é, por esse motivo, o fechamento das "portas" pelas quais as impressões perturbadoras passam para o nosso interior (ver seções LII e LVI). É óbvio que, desse modo, todo o conhecimento positivo passa para o segundo plano. Todo o "saber" e o "conhecer" são até mesmo diretamente condenados como insuficientes por Lao-Tzu. Poderíamos pensar que isso conduziria forçosamente à negação abstrata do mundo, mas não é esse o caso. Antes, há no fundo de tudo a ideia de que, onde a aparência cessa, o ser verdadeiro e oculto – que é eterno e está além da mudança passageira da ilusão dos sentidos – pode ser discernido de maneira mais clara e pura. Por esse motivo, o que Lao-Tzu pretende não é o "reconhecer", mas o "contemplar" a "iluminação" interior. O fato de essa contemplação não ter nenhuma relação com as visões ascéticas, e que Lao-Tzu aprova plenamente o cuidado com o "corpo" e os "ossos", isto é, com o que é necessário à existência corporal, é uma comprovação que resulta da leitura de um grande número de trechos (ver seções XII e III). Essa iluminação interior conduz por si mesma à simplicidade (ver seção XXVIII), cujo exemplo mais belo é a criança que ainda não foi impelida pela confusão da avidez. Desse modo, a índole humana constitui uma unidade coerente que se volta sempre para o seu interior, cuja atividade é executada espontaneamente e dentro da qual toda manifestação num sentido encontra, de imediato, a sua complementação no seu oposto, de modo tão preciso como no mar; cada onda tem o seu correspondente côncavo. Essa harmonia de compensação também não sofre a influência do nascimento e da morte; ela traz a vida eterna, que ultrapassa a morte.

Nesse ponto, a busca das ideias de Lao-Tzu leva imperceptivelmente ao encontro de um princípio metafísico: o *Te*, a vida; porque, segundo Lao-Tzu, a *vida* nada mais é do que o ser humano que atua espontaneamente e é idêntico ao centro do mundo. Nisso, é muito importante a espontaneidade da atividade, que é o maior mistério da *vida* (ver seção XXXVIII). É verdade que, do ponto de vista individual, essa espontaneidade parece ser negativa. O indivíduo se reprime. Não vive a si mesmo, mas se deixa viver, está sendo vivido (ver seção L). Daí a ênfase posta na não ação. Essa não ação não é o mesmo que inatividade, mas absoluta receptividade àquilo que emana do fundo metafísico do indivíduo. É esse também o sentido dos diversos trechos nos quais a *vida* é encarada como algo feminino e puramente receptivo. Essa *vida* é boa, porque mostra, em cada momento e situação, a atitude adequada (ver seção VIII). Seu poder baseia-se justamente no fato de oferecer em cada situação o complemento necessário. Para os bons, ela é boa; para os que não são bons, também é boa, porque dá a cada um o que lhe falta para a sua complementação. Essa complementação é algo que se deixa oferecer, sem qualquer conflito; é, por assim dizer, o preenchimento de um lugar vazio. Mas justamente porque essa complementação é concedida, aquele de quem emana é por si mesmo superior. Assim, enquanto para Lao-Tzu o bem é um conceito de alternância, que não se permite fixar de uma vez por todas, ao contrário devendo adaptar-se a cada caso particular, tudo o que é colocado de modo unilateral ao mesmo tempo está submetido à lei da inferioridade. A virtude mais elevada que queremos afirmar e impor é também a inferioridade, porque representa sempre apenas um único lado do necessário par de opostos. Assim que, no mundo, todos reconheçam o bem como bem, com isso já se constitui o não bem. Por isso, a *vida* que queremos impor por meio de medidas preventivas como algo positivo é uma *vida* inferior, mesmo quando se manifesta como altruísmo, justiça ou moral (ver seção XXXVIII). É justamente essa posição que evoca forçosamente, em todos os casos, a negação. Por isso, do ponto de vista mais elevado, a razão não está com aquele que se identifica com um dos lados de um desses pares de opostos. Estamos diante de uma filosofia da vida tal como a encontramos, por exemplo, no âmago da tragédia e como Hebbel especialmente a definiu. Cada transgressão individual provoca uma reação compensadora da coesão universal que por ela fora perturbada.

No *Tao-Te King*, o homem que então personifica em si essa *vida*, o homem, por assim dizer, ideal, é chamado sempre de Chong Jen. Traduzimos essa expressão como "o Sábio". Encontra-se também a tradução como "o Santo". Seja como for, ela se refere ao indivíduo que, postergando suas inclinações casuais e seus desejos, corresponde plenamente ao princípio da *vida*. Esse indivíduo não vive a si mesmo nem procura nada para si, mas permite que, no seu interior, a *vida* chegue a se efetuar. Mas nessa atitude poder-se-ia dizer que ele é uma potência cósmica, o que é "mera" consequência, porque jamais será possível eliminar do mundo o homem, uma vez que ele será sempre um fator necessário no complexo que denominamos "mundo". As filosofias mais modernas não vão além disso e, depois da obra filosófica de Kant, nem sequer é possível haver uma dúvida séria quanto a isso. Porém, ocorre que "o Sábio" não é realizado em nenhuma personalidade histórica; na verdade, trata-se de uma ideia que ultrapassa o tempo e da qual cada um pode participar na medida de sua concordância interior; em certo sentido, "o Sábio" é comparável à ideia judaica do Messias. Visto dessa maneira, o trecho obscuro da seção IV talvez adquira alguma clareza: "Não sei de quem ele é filho; ele parece ter existido mesmo antes de Deus".

Ao "acompanhar essa espontaneidade, atingindo mais um degrau além do humano, chegamos ao sentido (*Tao*). Assim como a *vida* é a espontaneidade no homem, do mesmo modo o *Tao* é a espontaneidade absoluta no mundo. Ele é diferente de todas as coisas e escapa a qualquer percepção sensorial; nesse sentido, também não entra na esfera da existência. Lao-Tzu atribui a ele, repetidas vezes, a qualidade do "não ser" e a do "vazio". Para não interpretar erroneamente essas expressões, deve-se levar em conta que o "negativo", na vida mental chinesa, representa papel diferente do que desempenha na vida mental europeia. Para o chinês, ser e não ser são opostos, mas não contraditórios. De certo modo, comportam-se como os sinais positivo e negativo na matemática. Nesse sentido, o "não ser" também não é uma expressão puramente privativa; muitas vezes poderia ser mais bem traduzida por "ser para si mesmo" em oposição a "existir". Nesse particular, são muito interessantes algumas observações de caráter psicológico-linguístico que ainda podem ser feitas na moderna língua chinesa. Na Europa, por exemplo, uma dupla negação, que representa uma posição forte, é, na verdade, admissível, mas o sentimento linguístico natural opõe-se geralmente a esse tipo de expressão, ao passo que isso é inteiramente familiar em chinês. Na nossa língua, dizemos: "Seguramente ele virá", e o chinês declara: "Ele não pode não vir". A "onipresença" é explicada assim: "lugar algum onde ele não está". A equivalência total de oposição e negação manifesta-se de modo mais concludente na resposta a perguntas negativas. À pergunta: "Ele não vem?", o chinês responde "sim" caso ele não venha, porque para ele o "não" da pergunta não tem significado privativo, mas une-se ao "vir" numa só noção, a de "não vir", que se pode responder afirmativamente, do mesmo modo que qualquer noção positiva, sem receio de mal-entendidos. No mesmo sentido deve ser entendido também o "não ser" de Lao-Tzu; este não é simplesmente o nada, mas algo qualitativamente distinto do "existir". O *Tao* está no interior de todas as coisas, mas não é ele próprio uma coisa; por isso a sua ação é também essencialmente qualitativa. Temos uma analogia disso no conceito das leis da natureza. Em todos os fenômenos, a lei natural se manifesta sem se intrometer, a partir de fora, no curso dos acontecimentos. Do mesmo modo, em todo acontecimento, o *sentido* de Lao-Tzu é onipresente: pode estar à direita e à esquerda (ver seção XXXIV), mas não se esgota em

nenhum acontecimento. Esse "não se esgotar", ou, como diz Lao-
-Tzu, esse "não ficar cheio", é a qualidade que o torna superior
em face de todas as coisas, sem que tal superioridade se manifeste
alguma vez, de algum modo. Essa não manifestação da superioridade, a sua "fraqueza", poderia ser chamada "pequena", enquanto a sua atuação transcendente em todas as coisas constitui
a sua "grandeza". Resta ainda mencionar que a eternidade do *Tao*
baseia-se no fato de que todos os seus movimentos retornam para
o interior de si mesmo. Por meio dele anulam-se todos os antagonismos, porque estes se compensam mutuamente, cada movimento convertendo-se no seu oposto. Quando as coisas ficam
fortes, então elas morrem; é a firmeza e a rigidez ligadas a essa
força que justamente induzem à morte. Na história da evolução
moderna, encontramos a comprovação dessa verdade nos tipos
unilateralmente superdesenvolvidos e solidificados, que morrem
por causa disso (pense, entre outros, nos dinossauros). A vida está
sempre no todo e jamais na parte isolada e, por isso, a natureza
também não conhece o amor segundo a maneira dos homens; na
verdade, todos os seres participam da sua superabundância; se,
no entanto, quisessem reter algo dela para si mesmos, cairiam,
justamente em razão disso, à mercê da morte.

Por essa razão, esse *Tao*, encarado ontologicamente, é a raiz
de toda a existência; no entanto, como o ser é diferente do não
ser apenas no nome e não na essência, o *Tao* age sempre dentro
do ser na forma do maternal, que dá a vida aos indivíduos e os
recolhe outra vez para dentro de si na morte.

Depois de ter ascendido, por assim dizer indutivamente, até o princípio de explicação do mundo de Lao-Tzu, só nos resta agora percorrer o caminho inverso, pelo qual Lao-Tzu desce dedutivamente do seu mais elevado princípio até a realidade. Como não poderia ser de outro modo, é justamente nesse ponto que estão as suas maiores dificuldades.

> O Deus que habita no meu seio
> Pode agitar profundamente o meu íntimo.
> Entronizado acima de todas as minhas forças,
> Ele nada pode mover para fora de mim.

Lao-Tzu teria de viver também algo da aflição que esses versos expressam; não só pessoalmente, em relação ao mundo exterior, como, num ímpeto trágico, ele se queixa (ver seção XX), mas também e principalmente ao querer deduzir o mundo exterior do *Tao*. No fundo, não se pode censurá-lo por isso, porque o real encerra, de fato, um resíduo irracional não compreensível pelo pensamento. Esse resíduo irracional talvez seja o fundo existencial de tudo o que é individual. Desde os primórdios, a humanidade tem se debatido contra ele, sem receber uma resposta às suas perguntas; para Lao-Tzu, essas perguntas talvez nem tenham outra solução a não ser pela vontade de cada indivíduo. Não se pode esperar que Lao-Tzu consiga o que, antes ou depois dele, nenhum filósofo conseguiu: atingir pelo pensamento o âmago da realidade. Mesmo assim, são interessantes as linhas auxiliares que traça, para indicar a direção em que o sentido se move ao encontro do real.

É preciso distinguir duas coisas: o movimento que leva do *Tao*, como unidade suprema, ao nascimento das variedades e, em seguida, as linhas que apontam do pensamento para o sentido da realidade.

O ponto de partida da filosofia de Lao-Tzu é a unidade; nesse sentido, ele é decididamente monista (como, aliás, todo o pensamento chinês o é no fundo, apesar de a doutrina tão destacada do dualismo das energias que atuam, no entanto, apenas no mundo interior). Essa unidade é o ponto final para onde ascende o pensamento, é o mistério dos mistérios e a porta da revelação de todas as energias... (ver seção I). Nessa unidade, os opostos são ainda indivisos e sem distinção. Ela é o mesmo que se costuma designar como o "não princípio", situado anteriormente ao "princípio dos princípios" (ver a explicação da seção I). Esse *um*, em tese, produz o *dois* como antítese (os opostos de luz e trevas, de masculino e feminino, de positivo e negativo etc.). Do par de opostos nasce, como *terceiro* termo, o mundo visível.

De resto, a unidade pode evoluir para a variedade, sem que disso nasça algo muito diferente; isso é possibilitado pelo fato de já estar depositada, na própria unidade, a variedade, mas sem que esta fosse capaz de se manifestar nesse seu estado embrionário. Deve ser esse o sentido da seção XIV, na qual é dito que uma visibilidade invisível, uma audibilidade inaudível e uma palpabilidade impalpável estão contidas no *Tao* e que as três coisas estão inseparavelmente confundidas e formam o *um*. Essa variedade dentro da unidade torna possível os desdobramentos ulteriores. É evidente que, para Lao-Tzu, não se trata da criação histórica do mundo, pela qual esse desdobramento se realiza. Ao contrário, tal desdobramento é essencialmente um processo lógico que, no entanto, também pode ser projetado temporalmente para o passado e, nesse caso, é designado como o princípio do céu e da Terra; mas esse desdobramento, do mesmo modo, apresenta-se dentro do mundo espacial na regeneração contínua da vida (ver seção I). A unidade desdobrada na variedade é igualmente mencionada na seção I, em que esse desdobramento é representado na forma do movimento circular. O *Tao* pode ser encontrado em perpétuo estado de fluidez, agindo no céu, isto é, na totalidade das energias materiais invisíveis e atuantes; emanando daí, elas transcendem, chegando aos mais distantes lugares e, desse modo, fecundam a terra, o que significa a totalidade da corporeidade material. Finalmente, voltam a si mesmas no homem. Assim, homem, Terra, céu, têm o seu ideal sempre no degrau mais próximo do nível de ser e, dessa maneira, o seu modo de atuar deriva do *Tao*, que possui o único efeito imediato. De modo muito parecido, essa unidade é designada na seção XXXIX como a raiz da conformidade destinatária do céu, da Terra e do homem (soberano). Mas ali surgem mais dois complexos de ideias (os deuses e o vale) que serão examinados com mais atenção adiante, num outro contexto.

Dessa relação entre unidade e variedade deve ser distinguida a passagem do *Tao* para a realidade. Nesse particular, são especialmente características as seções XIV e XXI, às quais podemos acrescentar ainda o início da LI. Aqui encontramos sugestões sobre o modo como a realidade está potencialmente inerente no *Tao*. É uma tentativa vã querer introduzir um sistema fixo nessas intuições isoladas que se subtraem à expressão inteligível. Nos trechos, observa-se que eles falam tartamudeando de vivências que ultrapassam o pensamento humano. Em geral, é possível dizer que há certo parentesco com a doutrina platônica das ideias. Repetidamente se considera que a efetivação do *Tao* nas criaturas, isto é, nos indivíduos reais, seria proporcionada pelo fato de, no próprio *Tao*, estarem contidas, de modo inconcebível, as ideias (imagens) imateriais e amorfas. Para transmitir a noção de "saída" dessas ideias, Lao-Tzu recorre, por um lado, à noção da *vida* (o conteúdo da grande *vida* segue totalmente o *Tao*, isto é, forma-se segundo essa seção XXI), e, por outro, à noção de semente. Da *vida* e da sua relação com o *Tao* já tratamos antes. No que diz respeito à ideia de semente, esta assume uma posição intermediária entre o mundo das ideias e o mundo físico-material. Segundo a seção XXI, à semente cabe a realidade e, desse modo, é estabelecida a ligação com o mundo exterior.

Ao lado dessa dedução encontramos o uso muito generalizado da dualidade céu e Terra. Nesse contexto, o céu representa as forças espirituais, enquanto a Terra – como abnegação máxima do *Tao* – está mais próxima da matéria. Deve-se mencionar outro par de conceitos que aparece nas seções VI e XXXIX: a profundidade ou o vazio (literalmente, o vale) e o espírito, a saber, os deuses (Chen). Originariamente, a profundidade ou vazio constitui o espaço não preenchido entre duas vertentes. Relacionado provavelmente com imagens míticas mais antigas, isso se associa à concepção do surgimento da vida pela influência do espírito. A profundidade adquire então quase o significado do que chamamos matéria, o que em si ainda não é definido, o inativo, a mera possibilidade de ser, ao passo que o espírito traz o princípio ativo correspondente. Iríamos longe demais se pretendêssemos seguir até o fim as pistas aqui esboçadas. É evidente que nos defrontaríamos com uma série de ideias que, de algum modo, divergissem das outras encontradas no *Tao-Te King*. Essas ideias serão mencionadas para se chamar atenção para elas.

O taoismo posterior cultivou, com essa série de ideias, especulações muito extensas, que em parte chegam até a formulação de fantasias extravagantes que estão estreitamente ligadas às tentativas alquímicas de descobrir o elixir da vida, ou às aspirações ascéticas de concentrar, mediante todo tipo de exercícios físicos, as energias vitais dentro de si, de tal modo que o corpo físico se tornasse imortal. É indicação do elevado nível da visão de Lao-Tzu o fato de ele ter-se mantido alheio a essas coisas e de se limitar, falando do indizível, a alusões cujo desenvolvimento deve ser deixado aos cuidados de cada um.

Lao-Tzu. (Imagem a nanquim de Miao Tsi T'u Lu.)

Primeira Parte

O TAO

I

O *Tao* que pode ser pronunciado
não é o *Tao* eterno.
O nome que pode ser proferido
não é o Nome eterno.
Ao princípio do Céu e da Terra chamo "Não ser".
À mãe dos seres individuais chamo "Ser".
Dirigir-se para o "Não ser" leva
à contemplação da maravilhosa Essência;
dirigir-se para o Ser leva
à contemplação das limitações espaciais.
Pela origem, ambos são uma coisa só,
diferindo apenas no nome.
Em sua Unidade, esse Um é mistério.
O mistério dos mistérios
é o portal por onde entram as maravilhas.

II

Se todos na Terra reconhecerem a beleza como bela,
desse modo já se pressupõe a feiura.
Se todos na Terra reconhecerem o bem como o bem,
desse modo já se pressupõe o mal.
Porque Ser e Não ser geram-se mutuamente.
O fácil e o difícil se complementam.
O longo e o curto se definem um ao outro.
O alto e o baixo convivem um com o outro.
A voz e o som casam-se um com o outro.
O antes e o depois se seguem mutuamente.

Assim também o Sábio:
permanece na ação sem agir,
ensina sem nada dizer.
A todos os seres que o procuram
ele não se nega.
Ele cria, e ainda assim nada tem.
Age e não guarda coisa alguma.
Realizada a obra,
não se apega a ela.
E, justamente por não se apegar,
não é abandonado.

III

Não dar preferência aos homens capazes
impede que o povo conteste.
Não valorizar os objetos preciosos
faz com que o povo não furte.
Não exibir coisas que possam suscitar a cobiça
evita que o coração do povo se conturbe.

Por isso é que o Sábio governa da seguinte maneira:
esvazia os corações e enche os estômagos.
Enfraquece as vontades e revigora os ossos,
e faz com que o povo fique sem conhecimento
e sem desejos,
e providencia
para que os doutos não ousem agir.
Ele pratica a não ação
e em tudo reina a ordem.

IV

O *Tao* flui sem cessar.

No entanto, na sua atuação, ele jamais transborda.

Ele é um abismo; parece o ancestral de todas as coisas.

Abranda a sua dureza.

Desata os seus nós.

Modera o seu brilho.

Une-se com a sua poeira.

É profundo, mas como é real!

Não sei de quem possa ele ser filho.

Parece ser anterior a Deus.

V

Céu e Terra não são bondosos.

Para eles, os homens são como cães de palha, destinados ao
sacrifício.

O Sábio não é bondoso.

Para ele, os homens são como cães de palha, destinados ao
sacrifício.

O espaço entre o Céu e a Terra

é como uma flauta;

vazia, ainda assim, inexaurível;

soprada, mais e mais sons produz.

Porém, palavras em demasia se esgotam ao serem proferidas.

O melhor é guardar o que está no coração.

VI

O espírito do vale não morre nunca;
ele é a mulher misteriosa.
A porta da mulher misteriosa
é a raiz do Céu e da Terra.
Ininterrupta, assim como perpétua,
ela age sem esforço.

VII

O Céu é eterno e a Terra duradoura.
Eles são duradouros e eternos,
por não viverem para si mesmos.
Isso os faz viver eternamente.

Assim também é o Sábio:
por menosprezar o seu eu,
este aparece em primeiro plano.
Ele renuncia ao seu eu
e a sua essência é preservada.
Não é assim:
por não querer nada para si,
ele próprio torna-se perfeito?

VIII

O maior bem é como a água.

A virtude da água está em beneficiar todos os seres sem
  conflito.

Ela ocupa os lugares que o homem despreza.

Portanto, é quase como o *Tao*.

Para a moradia, o bem se manifesta no lugar.

Para o pensamento, o bem se manifesta na profundidade.

O bem da dádiva se manifesta no amor.

O bem da palavra se manifesta na verdade.

No governo, o bem se manifesta na ordem.

No trabalho, o bem se manifesta na competência.

No movimento, o bem se manifesta na oportunidade de ação.

Quem não se destacar

ficará por isso livre de críticas.

IX

Querer segurar alguma coisa e com isso fazê-la transbordar
   não vale a pena.
Querer usar alguma coisa e mantê-la sempre afiada,
isso não pode durar muito tempo.
Uma sala repleta de ouro e pedras preciosas
ninguém pode proteger.
Ser rico e nobre e, ainda por cima, arrogante,
só isso já atrai a desgraça.
Realizada a obra, é hora de se afastar:
esse é o *Tao* do Céu.

X

Serás capaz de educar a tua alma para que ela abarque a
   Unidade sem se dispersar?
Serás capaz de unificar a tua força
e conseguir a delicadeza
de uma criança?
Serás capaz de purificar a tua visão íntima
até torná-la imaculada?
Serás capaz de amar os homens e governar o Estado
de modo que fiques sem conhecimento?
Serás capaz de, quando se abrem e se fecham
as Portas do Céu,
ser como a fêmea de um pássaro?
Serás capaz de, com a tua clareza e pureza interior,
penetrar em tudo sem precisar de ação?
Produzir e alimentar,
produzir e não possuir,
agir sem guardar para si,
aumentar sem dominar:
eis a Vida secreta.

XI

Trinta raios cercam o eixo:
a utilidade do carro consiste no seu nada.
Escava-se a argila para modelar vasos:
a utilidade dos vasos está no seu nada.
Abrem-se portas e janelas para que haja um quarto:
a utilidade do quarto está no seu nada.

Por isso o que existe serve para ser possuído
e o que não existe, para ser útil.

XII

As cinco cores cegam os olhos do homem.
Os cinco sons ensurdecem os ouvidos do homem.
Os cinco sabores estragam o paladar do homem.
Correr e caçar alienam o coração do homem.
Bens raros trazem confusão à vida do homem.

Por isso o Sábio trabalha para atender às necessidades do
corpo e não às da visão.
Ele adota uma coisa e rejeita a outra.

XIII

A misericórdia é tão vergonhosa como um susto.

A honra, um grande mal, assim como a personalidade.

O que quer dizer "A misericórdia é tão vergonhosa como um
susto"?

A misericórdia é algo inferior.

Uma vez conseguida, fica-se como que assustado.

Uma vez perdida, também se fica assustado.

Isso é o que se quer dizer com "A misericórdia é vergonhosa
como um susto".

O que quer dizer "A honra é um grande mal assim como a
personalidade"?

É porque tenho uma personalidade

que sofro de grandes males.

Se eu não tivesse nenhuma personalidade,

de que mal poderia sofrer?

Portanto: a quem honra o mundo em sua pessoa,

a esse bem se poderia confiar o mundo.

A quem ama o mundo em sua pessoa,

a esse poder-se-ia entregar o mundo.

XIV

Procuramos por algo que não vemos:
seu nome é "semente".
Procuramos por algo que não ouvimos:
seu nome é "sutil".
Procuramos por algo que não sentimos:
seu nome é "pequeno".
Essas três coisas são inseparáveis.
Por isso, entrelaçadas, formam o *Um*.
Seu aspecto superior não é luminoso.
Seu aspecto inferior não é escuro.
Nascendo continuamente,
não se pode nomeá-lo.
Ele retorna ao Não ser.
A isso dá-se o nome de forma sem forma,
imagem sem objeto.
A isso dá-se o nome de caos misterioso.
Indo ao seu encontro, não lhe vemos o rosto;
seguindo-o, não lhe vemos as costas.
Quando nos apegamos ao caminho antigo
para dominar o Ser de hoje,
podemos conhecer o velho princípio.
Isso quer dizer: o fio condutor do *Tao*.

XV

Os que, em tempos remotos, eram Mestres eficientes
estavam secretamente unidos com as forças invisíveis.
Eram tão profundos que não se podia conhecê-los.
Por não poderem ser conhecidos,
só a muito custo é possível descrever seu aspecto exterior.
Hesitantes, como quem cruza um rio no inverno,
cautelosos, como quem teme os vizinhos de todos os lados,
discretos, como hóspedes,
desvanecendo, como o gelo que derrete,
simples, como a matéria não trabalhada,
eles eram amplos como o vale,
impenetráveis ao olhar como o que é opaco.
Quem pode [como eles] no silêncio iluminar pouco a pouco
   as trevas?
Quem [como eles] pode produzir pouco a pouco a serenidade?
Quem permanece nesse *Tao*
não deseja a abundância.
Porque, só por não ter abundância,
é que ele pode ser humilde,
evitar a novidade
e atingir a realização.

XVI

Cria em ti o vazio até o grau mais elevado!
Preserva a tua serenidade até o estado mais completo!
Depois, tudo pode elevar-se simultaneamente.
Eu vejo como as coisas evoluem.
Todas as coisas, por mais diversas que sejam,
retornam à sua raiz.
Retornar à raiz significa serenidade.
Serenidade significa voltar ao destino.
Voltar ao destino significa eternidade.
Conhecimento da eternidade significa clareza.
Quem não conhece a eternidade
acaba em confusão e pecado.
Mas quem conhece a eternidade
torna-se tolerante.
A tolerância leva à justiça.
A justiça leva ao domínio.
O domínio leva ao Céu.
O Céu leva ao *Tao*
e este à continuidade.
Durante toda a vida não se corre mais perigo.

XVII

Quando um Grande Soberano governa,
o povo mal sabe que ele existe.
Os menos grandes são amados e louvados,
os ainda menores são temidos,
os mais inferiores ainda são desprezados.
Quão ponderados devemos ser com as palavras!
Terminada a obra, os negócios seguem o seu curso
e as pessoas pensam:
"Somos livres".

XVIII

Quando se perde o grande *Tao*,
aparecem a moralidade e o dever.
Quando a inteligência e o saber prosperam,
aparecem as grandes mentiras.
Quando os parentes próximos discordam,
aparecem o dever filial e o amor.
Quando os Estados estão em desordem,
aparecem os funcionários leais.

XIX

Abandonem a santidade, joguem fora o saber,
e o povo ganhará cem vezes mais.
Deixem de lado a moralidade, atirem fora o dever,
e o povo voltará ao dever filial e ao amor.
Abandonem a habilidade, joguem fora o lucro,
e não haverá mais ladrões e assaltantes.
Nesses três casos
não basta ter boa aparência.
Cuidem, portanto, para que os homens possam confiar em
  alguma coisa.
Mostrem simplicidade, apeguem-se à honestidade!
Diminuam o egoísmo, moderem os desejos!
Renunciem à erudição!
Estareis livres de preocupações.

XX

Entre um "certamente" e um "provavelmente",
que diferença existe?
Que diferença existe
entre o "bem" e o "mal"?
O que os homens honram deve ser honrado.
Ó solidão, quanto tempo vais durar?
Todos os homens são tão radiantes,
como se fossem à grande festa das Oferendas,
como se subissem às torres na primavera.
Só eu, tão hesitante, não recebi ainda algum sinal:
como uma criancinha que ainda não sabe rir,
irrequieto, andando ao léu como se não tivesse um lar.
Todos os homens têm o supérfluo;
só eu sou como que esquecido.
Tenho o coração de um tolo, tão confuso e obscuro.
Os homens do mundo são esclarecidos – ai! – tão esclarecidos;
só eu pareço um tolo!
Os homens do mundo são inteligentes – ai! – tão inteligentes;
só eu estou como que trancado dentro de mim,
irrequieto – ai! – como o mar,
rodopiando – ai! – sem cessar!
Todos os homens têm seus objetivos;
só eu sou ocioso como um mendigo.
Só eu sou diferente de todos os homens;
mas acho muito importante
buscar alimento junto à Mãe.

XXI

O conteúdo da grande Vida
provém inteiramente do Tao.
O Tao gera todas as coisas
de modo tão caótico, tão obscuro.
Caóticas e obscuras
são as suas imagens.
Obscura e caoticamente,
nele estão as coisas.
Tenebrosa, insondável,
nele está a semente.
Essa semente é totalmente verdadeira.
Nela existe autenticidade.
Desde a Antiguidade até hoje
não se pode prescindir de nomes
para se considerar todas as coisas.
De onde conheço a natureza de todas as coisas?
Justamente a partir da semente.

XXII

O que é metade ficará inteiro.
O que é curvo ficará reto.
O que é vazio ficará cheio.
O que é velho ficará novo.
Quem tem pouco receberá.
Quem tem muito perderá.

Assim também o Sábio:
ele abraça a Unidade
e se torna um modelo para o mundo.
Ele não quer brilhar,
por isso atinge a iluminação.
Ele mesmo não quer ser nada,
por isso torna-se magnífico.
Não busca a fama,
por isso realiza obras.
Não busca a perfeição,
por isso é exaltado.
Porque não luta,
ninguém pode lutar com ele.
O que os antigos disseram, "O que está pela metade deve
     reencontrar a integridade",
não é, na verdade, uma sentença vazia.
Toda verdadeira perfeição nela está resumida.

XXIII

Poupem as palavras,
e tudo andará por si mesmo.
Um ciclone não dura a manhã inteira.
Um aguaceiro não dura todo um dia.
E quem os produz?
O Céu e a Terra.
Se o Céu e a Terra nada podem fazer de durável,
muito menos o pode o homem!

Por isso, se te pões a trabalhar de acordo com o *Tao*,
serás um no *Tao* com os que nele se encontram;
serás um na Vida com os que têm a Vida;
serás um na pobreza com os que são pobres.
Se fores um com eles no *Tao*,
alegremente, os que têm o *Tao*
virão ao teu encontro.
Se fores um com eles na Vida,
alegremente, os que tem a Vida
virão ao teu encontro.
Se fores um com eles na pobreza,
alegremente, os que são pobres
virão ao teu encontro.
Mas onde a fé não é bastante forte,
ali não se encontrará alguma fé.

XXIV

Quem se levanta na ponta dos pés
não tem firmeza.
Quem anda com as pernas abertas
não pode avançar.
Quem quer aparecer
não será iluminado.
Quem quer ser famoso
não será magnífico.
Quem se enaltece
não realizará obras.
Quem se vangloria de si mesmo
não será exaltado.
Para o *Tao*, ele será como restos de comida e tumor purulento.
E todas as criaturas igualmente o detestam.
Por isso quem tiver o *Tao*
afaste-se desses caminhos.

XXV

Há uma coisa que é invariavelmente perfeita.
Antes que houvesse Céu e Terra, já estava ali,
tão silenciosa e solitária.
Ela continua sozinha, imutável.
Corre em círculos e não se põe em risco.
Pode ser chamada de "Mãe do Mundo".
Não conheço o seu nome.
Qualifico-a de *Tao*.
Dando-lhe a muito custo um nome,
chamo-a de Grande.
"Grande" quer dizer "sempre em movimento".
"Sempre em movimento" quer dizer "distante".
"Distante" quer dizer "de volta".
Assim, o *Tao* é grande, o Céu é grande, a Terra é grande,
e o Homem também é grande.
No espaço, há quatro grandes,
e o Homem é um deles.
O Homem orienta-se pela Terra,
a Terra pelo Céu.
O Céu orienta-se pelo *Tao*.
O *Tao* orienta-se por si mesmo.

XXVI

A leveza tem sua raiz no peso do que é material.
A calma é a senhora da inquietação.

Assim também o Sábio:
viaja o dia inteiro,
sem se separar da pesada bagagem.
Mesmo que tenha toda a glória diante dos olhos,
permanece satisfeito em sua solidão.
Tanto menos é permitido ao Senhor do Reino
preocupar-se com o Universo!
Por essa negligência, perdemos nossas raízes.
Pela inquietação, perdemos a soberania.

XXVII

O bom andarilho não deixa rastros.
O bom orador não precisa desmentir nada.
O bom matemático não precisa de um ábaco.
O bom guardião não precisa de fechadura nem de chave,
e mesmo assim ninguém pode abrir o que ele guardou.
O que sabe amarrar bem não precisa de corda nem de fitas,
e ainda assim ninguém pode desatar o que ele atou.
O Sábio sempre sabe como salvar os homens;
por isso não existem para ele homens abjetos.
Ele sempre sabe como salvar as coisas;
por isso para ele não há coisas abjetas.
Isso quer dizer: viver na lucidez.
Assim, os homens de bem ensinam aos menos bons.
Quem não honra seus mestres
nem ama sua própria matéria
estará em grave erro, a despeito de todo o seu conhecimento.
Esse é o grande segredo.

XXVIII

Quem conhece a própria virilidade
e preserva a própria feminilidade,
esse é o Abismo do mundo.
Sendo o Abismo do mundo,
a Vida eterna não o abandona,
e ele volta a ser como uma criança.

Quem conhece a própria pureza
e preserva a própria fraqueza,
esse é um modelo para o mundo.
Sendo um modelo para o mundo,
a Vida eterna não o abandona
e ele retorna ao incriado.

Quem conhece a própria honra
e preserva a própria vergonha,
esse é o Vale do mundo.
Sendo o Vale do mundo,
encontra satisfação com a Vida eterna,
e volta à simplicidade.

Se a simplicidade se dispersa, temos homens "úteis".
Se o Sábio pratica a simplicidade, torna-se o Mestre dos
    subalternos.
Portanto: para fazer uma obra grandiosa,
não há necessidade de podar.

XXIX

Querer conquistar e manipular o mundo,
sei por experiência que não dá certo.
O mundo é uma coisa espiritual,
que não se deve manipular.
Quem o manipula o destrói,
quem quiser segurá-lo, perde-o.
As coisas ora se adiantam, ora se atrasam,
ora irradiam calor, ora sopram geladas,
ora são fortes, ora delgadas,
ora flutuam na superfície, ora despencam.
Por isso o Sábio evita
todo excesso: de quantidade, de número e de medida.

XXX

Quem com verdadeiro *Tao* ajuda um soberano
não domina o mundo pelas armas,
porque as ações caem sobre a sua própria cabeça.
Onde acamparam exércitos, crescem cardos e espinhos.
Anos de fome sempre se seguem às batalhas.
Por isso, o homem de valor busca apenas a decisão e nada mais;
ele não ousa conquistar pela força.
Decisão sem ufanismo,
decisão sem enaltecimento,
decisão sem orgulho,
decisão por não ser possível fazer de outro modo,
decisão isenta de violência.

XXXI

Armas são instrumentos de mau agouro;
todos os seres, creio, bem que as odeiam.
Por isso o possuidor do verdadeiro *Tao*
não quer saber delas.
O nobre, em sua vida habitual,
considera a esquerda o lugar de honra.
Mas na carreira das armas,
o lugar de honra é a direita.
As armas são instrumentos de mau agouro;
não são instrumentos para os nobres,
que só as usam quando não podem evitá-lo.
Para eles, a tranquilidade e a paz são o bem supremo.
Ele é vitorioso, mas não se alegra com isso.
Quem se alegrasse com isso
se alegraria com a matança de homens.
Quem se alegrasse com a matança de homens
não poderia alcançar seu objetivo no mundo.
Nos dias felizes, a esquerda é considerada o lugar de honra;
nos dias infelizes, a direita é considerada o lugar de honra.
O vice-comandante fica à esquerda,
o comandante supremo à direita.
Isso significa que ele ocupa o seu lugar
segundo as regras usadas nas exéquias.
Matar grande número de homens
deve ser lamentado com lágrimas de compaixão.
A atitude de quem saiu vitorioso da batalha
deve ser a mesma que a de quem assiste a um funeral.

XXXII

O *Tao*, como o eterno, é de inefável simplicidade.
Apesar de pequeno,
o mundo não ousa fazer dele um criado.
Se reis e príncipes pudessem cuidar dele desta maneira,
todas as coisas se mostrariam hospitaleiras.
Céu e Terra se uniriam
para destilar um orvalho suave.
Por si mesmo e sem que lhe ordenassem,
o povo encontraria o equilíbrio.
Quando a criação começou,
só então apareceram os nomes.
Os nomes também atingem a existência
e não sabemos mais onde é preciso parar.
Se soubermos onde parar,
não correremos perigo.
A relação entre o *Tao* e o mundo pode ser comparada
com os riachos das montanhas e com as águas do vale,
que se lançam nos rios e nos mares.

XXXIII

Quem conhece os outros é inteligente.
Quem conhece a si mesmo é sábio.
Quem vence os outros é forte.
Quem vence a si mesmo é poderoso.
Quem se faz valer tem força de vontade.
Quem é autossuficiente é rico.
Quem não perde o seu lugar é estável.
Quem mesmo na morte não perece, esse vive.

XXXIV

O grande *Tao* é onipresente:
pode estar à direita e à esquerda.
Todas as coisas lhe devem a existência,
e ele não se recusa a elas.
Realizada a obra,
ele não a chama de sua propriedade.
Ele veste e alimenta todas as coisas
e não pretende ser o senhor delas.
Por estar continuamente sem desejos,
podem chamá-lo de pequeno.
Como todas as coisas dependem dele,
sem conhecê-lo como seu soberano,
podem chamá-lo de grande.

Assim também o Sábio:
ele jamais se engrandece;
por isso realiza a sua Grande Obra.

XXXV

Quem é fiel ao grande Arquétipo,
o mundo virá a ele.
O mundo vem e não é perturbado:
na quietude, na equidade e na felicidade.

Música e iguarias
podem fazer o peregrino deter-se em seu caminho.
O *Tao* emerge da boca,
suave e sem sabor.
Tu o procuras com o olhar e não vês nada de especial;
tu o escutas e nada ouves de especial.
Ages de acordo com ele e não chegas ao fim.

XXXVI

O que queres comprimir,
primeiro deves deixar que se expanda bem.
O que queres enfraquecer,
primeiro deves deixar que se fortaleça bem.
O que queres destruir,
primeiro deves deixar que desabroche bem.
Àquele de quem queres tirar,
primeiro deves dar o bastante.
Chama-se a isso "conhecer bem o invisível".
A brandura triunfa sobre a dureza.
A fraqueza triunfa sobre a força.
Não se deve tirar o peixe das profundezas.
Não se deve mostrar ao povo
os meios de ação do reino.

XXXVII

O *Tao* é um eterno não fazer,
e mesmo assim nada fica sem ser feito.
Se os príncipes e os reis souberem como preservá-lo,
todas as coisas se farão por si mesmas.
Se elas se fizerem por si mesmas, provocando a cobiça,
eu as desterro pela simplicidade que não tem nome.
A simplicidade que não tem nome gera a ausência de desejos.
A ausência de desejos cria a serenidade
e o mundo se endireita por si mesmo.

Lao-Tzu cavalgando um búfalo preto.
(Desenho a nanquim de Miao Tsi T'u Lu.)

Segunda Parte

A VIDA

XXXVIII

Quem estima grandemente a Vida
nada sabe da Vida;
por isso tem Vida.
Quem menospreza a Vida
procura não perder a Vida;
por isso não tem Vida.
Quem estima a Vida
não age nem faz planos.
Quem menospreza a Vida
age e faz planos.
Quem estima o amor age, mas nada tem em vista.
Quem estima a justiça age e tem planos.
Quem estima a moralidade age
e, quando não lhe fazem oposição,
a provoca com grandes gestos.
Por isso, se o *Tao* está perdido, a Vida também está perdida.
Se a Vida está perdida, o amor está perdido.
Se o amor está perdido, a justiça está perdida.
Se a justiça está perdida, a moralidade está perdida.
A moralidade é a insuficiência da fidelidade, é indigência de fé
e o começo da confusão.
A pré-ciência nada mais é que a aparência do *Tao*
e o começo da loucura.
Por isso o homem correto atém-se ao real
e não às aparências.
Ele vive no Ser e não na ficção.
Rejeita esta e se atém àquele.

XXXIX

Coisas que outrora atingiram a Unidade:

O Céu atingiu a Unidade e ficou limpo.
A Terra atingiu a Unidade e ficou sólida.
Os Deuses atingiram a Unidade e ficaram poderosos.
O Vale atingiu a Unidade e se encheu.
Todas as coisas atingiram a Unidade e nasceram.
Reis e príncipes atingiram a Unidade
e tornaram-se o modelo do mundo.
Tudo isso é o efeito da Unidade.
Se o Céu não fosse limpo, explodiria.
Se a Terra não se tornasse sólida, vacilaria.
Se os Deuses não fossem poderosos,
tornar-se-iam rígidos.
Se o Vale não se enchesse,
se esgotaria.
Se todas as coisas não tivessem nascido,
se extinguiriam.
Se reis e príncipes por isso não tivessem sido elevados,
seriam destronados.

É por isso que o nobre tem como raiz o inferior
e o alto tem o baixo como fundamento.

Assim também os príncipes e reis:
eles se dizem "solitários", "órfãos", "destituídos de mérito".
Com isso eles indicam que sua raiz está entre os humildes.
Não é assim?

Com efeito, sem os diversos componentes do carro,
não há carro.
Não desejes para ti o esplendoroso brilho da joia,
mas a rudeza tosca da pedra.

XL

O retorno é o movimento do *Tao*.
A fraqueza é o efeito do *Tao*.
Todas as coisas sob o Céu nascem no Ser.
O Ser nasce no Não ser.

XLI

Se um sábio da mais alta categoria ouve falar do *Tao*,
enche-se de brios e segue-o com fervor.
Se um sábio medíocre ouve falar do *Tao*,
num momento, acredita, noutro, duvida.
Se um sábio inferior ouve falar do *Tao*,
ri às gargalhadas.
Se não ri alto,
então não se trata ainda do verdadeiro *Tao*.
Eis por que um autor de frases diz:
"O claro *Tao* parece obscuro.
O *Tao* do progresso parece retrógrado.
O *Tao* plano parece rugoso.
A Vida suprema se parece com um vale.
A pureza suprema parece ser uma vergonha.
A Vida ampla parece insuficiente.
A Vida intensa parece secreta.
A essência verdadeira parece incerta.
O grande quadrado não tem ângulos.
O grande instrumento tarda a ficar pronto.
A grande modulação é inaudível.
A grande imagem não tem contorno".

Oculto, o *Tao* não tem nome.
No entanto, é justamente o *Tao*
que prodiga e realiza.

XLII

O *Tao* gera o *Um*.
O *Um* gera o *Dois*.
O *Dois* gera o *Três*.
O *Três* gera todas as coisas.
Atrás de todas as coisas há escuridão
e elas tendem para a luz,
e o fluxo da força dá-lhes a harmonia.

O que os homens detestam
é o abandono, a solidão, a insignificância.
E mesmo assim príncipes e reis
escolhem esses termos para se descreverem.
Porque as coisas ou são aumentadas pela diminuição
ou diminuídas pelo exagero.
Eu, também, ensino o que os outros ensinam:
"Os fortes não morrem de morte natural."
Disso eu quero fazer o ponto de partida do meu ensinamento.

XLIII

A coisa mais macia da terra
vence a mais dura.
O que não existe penetra até mesmo
no que não tem frestas.
Nisso se reconhece o valor da não ação.
O ensino sem palavras, o valor da não ação,
são raros os que o conseguem na Terra.

XLIV

A fama ou a pessoa:
o que nos atrai mais?
A pessoa ou a fortuna:
o que é mais precioso?
Ganhar ou perder:
o que é pior?

Mas agora:
quem se apega a outras coisas
consome forçosamente as grandes coisas.
Quem coleciona coisas
perde, por força, as coisas importantes.
Quem é autossuficiente
não passa vergonha.
Quem sabe estabelecer limites
não corre perigo
e dura eternamente.

XLV

Uma grande realização parece necessariamente insuficiente;
mas seu efeito será infinito.
Uma grande abundância parece uma torrente;
mas seu efeito será inesgotável.
Uma grande retidão deve parecer tortuosa.
Um grande talento deve parecer uma tolice.
A grande eloquência parece muda.
O movimento elimina o frio.
A quietude supera o calor.
Pureza e quietude são o padrão de medida do mundo.

XLVI

Quando o *Tao* reina sobre a Terra,
usamos cavalos de corrida para puxar esterco.
Quando o *Tao* se perdeu na Terra,
criamos cavalos de guerra nos pastos verdes.
Não há pecado maior do que ter muitos desejos.
Não há desgraça maior do que ser insaciável.
Não há falta maior do que querer possuir.
Por isso:
a suficiência da suficiência é a suficiência que dura.

XLVII

Sem sair de casa,
conhece-se o mundo.
Sem olhar pela janela,
vê-se o *Tao* do Céu.
Quanto mais longe se vai,
menos se sabe.

Por isso o Sábio não precisa viajar
e, no entanto, sabe tudo.
Não precisa ver
e, no entanto, sabe tudo.
Não precisa fazer nada
para fazer coisas.

XLVIII

Quem pratica o estudo aprende mais a cada dia.
Quem pratica o *Tao* diminui a cada dia.
Vai diminuindo e diminuindo
até finalmente chegar à não ação.
Na não ação, nada fica sem ser feito.
Só podemos conquistar o reino,
se ficarmos sempre livres da ação.
Os atarefados são incapazes
de conquistar o reino.

XLIX

O Sábio não tem coração próprio;
ele faz seu o coração das pessoas.
"Para os bons, sou bom;
para os que não são bons, também sou bom;
pois a Vida é bondade.
Para os leais, sou leal.
E leal também para os que não o são;
pois a Vida é lealdade."
O Sábio vive muito tranquilo no mundo
e abre todo o seu coração para o mundo.
Todas as pessoas olham para ele e o escutam.
E o Sábio as recebe como filhos seus.

L

Sair é Vida, entrar é morte.

Três entre dez são companheiros na vida;

três entre dez são companheiros na morte.

Três entre dez são homens que vivem

e assim caminham para o lugar da morte.

Qual a razão disso?

É que eles desejam dar um sentido mais elevado às suas vidas.

Ouvi dizer que quem sabe viver bem a vida

caminha pelo mundo

sem encontrar rinocerontes ou tigres.

Atravessa um exército

sem evitar as couraças ou as armas.

O rinoceronte nada encontra em que cravar seu chifre.

O tigre não encontra

onde cravar as garras.

A arma não encontra onde cravar a lâmina.

Por que é assim?

Porque o Sábio não tem pontos vulneráveis.

LI

O *Tao* gera.
A Vida alimenta.
O ambiente molda.
As influências aperfeiçoam.
Por isso, todos os seres honram o *Tao*
e apreciam a Vida.
O *Tao* é honrado,
a Vida é estimada,
sem estímulo externo, de modo inteiramente espontâneo.

Portanto, o *Tao* gera, a Vida alimenta,
faz crescer, cuida,
aperfeiçoa, conserva,
abriga e protege.

LII

O mundo tem uma origem,
que é a Mãe do Mundo.
Quem encontra a Mãe
para conhecer os seus filhos;
quem conhece os seus filhos
e se volta de novo para a Mãe,
estará livre do perigo por toda a sua vida.
Quem fecha a boca
e cerra as suas portas
não terá dificuldades por toda a vida.
Quem abre a boca
e quer pôr em ordem seus negócios,
para esse não haverá ajuda durante toda a vida.
Ver as pequenas coisas significa ter discernimento.
Preservar a sabedoria é ser forte.
Quando nos servimos da nossa luz
para retornar a essa claridade,
não nos expomos mais ao perigo.
A isso dá-se o nome de manto da eternidade.

LIII

Se eu realmente soubesse o que quer dizer
viver no grande *Tao*,
eu temeria, mais do que tudo, a atividade.
Onde as grandes estradas são belas e planas,
mas o povo prefere os atalhos;
onde as regras da corte são rígidas,
mas os campos estão cheios de ervas daninhas;
onde os celeiros estão completamente vazios,
mas o povo se veste com roupas lindas e suntuosas;
onde cada qual traz na cinta uma espada afiada;
onde os hábitos de comer e de beber são refinados
e os bens excessivos,
aí não reina o governo, mas a confusão.

LIV

O que está firmemente plantado não será extirpado.
O que está bem preso não escapará.
Quem for lembrado por filhos e netos
não desaparecerá.
A vida de quem cultiva a própria pessoa será verdadeira.
A vida de quem cultiva a própria família será plena.
A vida de quem cultiva a própria comunidade crescerá.
A vida de quem cultiva o seu país será rica.
A vida de quem cultiva o mundo será imensa.
Por isso: julga a pessoa dos outros pela tua pessoa.
Julga a família dos outros pela tua família.
Julga a comunidade dos outros como a tua comunidade.
Julga o país dos outros como o teu país.
Julga o mundo dos outros como o teu mundo.
Como conheço a natureza do mundo?
Justamente por isso.

LV

Quem mantém em si a plenitude da Vida
é como um recém-nascido:
não será picado por serpentes venenosas.
Os animais ferozes não o atacarão.
As aves de rapina não se lançarão sobre ele.
Seus ossos são frágeis, seus tendões tenros,
e mesmo assim seu aperto de mão é firme.
Nada sabe ainda sobre a união do homem e da mulher,
e mesmo assim o seu sangue se agita,
porque ele tem a plenitude da semente;
ele pode gritar o dia inteiro
e mesmo assim sua voz não fica rouca,
porque ele tem a plenitude da paz.
Conhecer a paz é ser eterno.
Conhecer a eternidade é ser harmônico.
Propagar a vida chama-se felicidade.
Colocar a própria força a serviço da cobiça chama-se ser forte.
Quando as coisas se tornam fortes, envelhecem.
Tais coisas são contrárias ao *Tao*,
e o que é contrário ao *Tao* logo chega ao fim.

LVI

O que sabe, não fala.

O que fala, não sabe.

É preciso manter a boca fechada

e cerrar suas portas,

embotar sua perspicácia,

desfazer os pensamentos confusos,

moderar o seu brilho,

e pôr em comum o que se tem de terreno.

A isso dá-se o nome de união misteriosa com o *Tao*.

Quem a tem não é influenciado pelo amor

e fica insensível ao frio.

Fica insensível ao lucro,

fica insensível à perda.

Fica insensível à glória,

fica insensível à condição de inferioridade.

É por isso que ele é o mais glorioso sobre a Terra.

LVII

A direção de um Estado implica a arte de governar;
a carreira das armas implica um
talento extraordinário.
Mas para conquistar o mundo
é preciso estar livre de toda atividade.
De onde me vem esse conhecimento do mundo?
Quanto mais proibições houver no mundo,
mais o povo empobrecerá.
Quanto mais instrumentos afiados o homem tiver,
mais a família e o Estado irão à ruína.
Quanto mais o povo cultivar a arte e a esperteza,
mais presságios nefastos surgirão.
Quanto mais leis e decretos se publicarem,
mais ladrões e assaltantes haverá.

É por isso que um sábio diz:
Se não fizermos nada,
o povo evoluirá por si mesmo.
Se amarmos a quietude,
o povo se organizará por si mesmo.
Se não empreendermos nada,
o povo prosperará por si mesmo.
Se não tivermos cobiça,
o povo por si mesmo chegará à simplicidade.

LVIII

Quando o governante é tranquilo e discreto,
o povo é leal e honesto.
Quando o governante é perspicaz e rude,
o povo é desleal e não confiável.
É sobre a infelicidade que repousa a felicidade;
a infelicidade espreita a felicidade.
Quem, no entanto, reconhece que o bem supremo
consiste na inexistência de ordens?
A ordem transforma-se em caprichos
e o bem se converte em superstição
e os dias de cegueira do povo
duram realmente muito tempo.

Assim também o Sábio:
serve de modelo sem castrar os outros,
é escrupuloso sem ferir,
é natural sem ser arbitrário
e brilha sem ofuscar.

LIX

Na liderança dos homens e no serviço aos Céus,
nada melhor do que a moderação.
Pois só pela moderação
pode-se tratar dos negócios com presteza.
Tratando dos negócios com presteza,
duplicam-se as forças da Vida.
Duplicando as forças da Vida,
estamos à altura de cada situação.
Estando à altura de cada situação,
ninguém conhecerá nossos limites.
Se ninguém conhecer nossos limites,
podemos possuir o mundo.
Se possuirmos a Mãe do mundo,
existiremos eternamente.
Esse é o *Tao* da raiz profunda,
do fundamento sólido,
da existência eterna
e da contemplação permanente.

LX

Um grande país deve ser governado
como quem frita pequenos peixes.
Quando o mundo é governado de acordo com o *Tao*,
os mortos não andam por aí como espíritos.
Isso não quer dizer que os mortos não sejam espíritos,
mas que seus espíritos não são nocivos aos homens.
E não só os mortos não são nocivos aos homens,
também o Sábio não lhes faz mal.
Quando, então, essas duas potências não se danificam
   mutuamente,
suas Forças da Vida conjugam seus efeitos.

LXI

Quando um grande reino está situado a jusante,
ele é o lugar onde se juntam todas as correntes do Universo.
Ele é o Feminino do mundo.
O Feminino, pela sua passividade,
sempre vence o Masculino.
Com a sua tranquilidade, ele se mantém embaixo.
Assim, se um grande reino se submete a um pequeno,
conquista com isso o reino pequeno.
Se o reino pequeno se submete ao grande,
com isso será conquistado pelo grande.
Assim, um conquista porque se submete
e o outro é conquistado porque se submete.
O grande reino não quer outra coisa,
senão unir os homens e alimentá-los.
O pequeno reino não quer outra coisa,
senão participar do serviço dos homens.
Cada um consegue assim o que deseja,
mas o grande é que deve se submeter.

LXII

O *Tao* é a morada de todas as coisas,
O tesouro dos homens de bem,
a proteção dos homens que não são bons.
Com belas palavras pode-se ir ao mercado.
Com uma conduta honesta
podemos nos salientar diante dos outros.
Mas os que não são bons entre os homens,
por que se deveria rejeitá-los?
Para isso é investido um soberano,
e os príncipes têm a sua função.
Ainda que se tivessem cetros cravejados de pedras preciosas
para enviá-los em festivo cortejo,
nada se igualaria
à dádiva do *Tao*
feita de joelhos diante do soberano.
Por que os antigos estimavam tanto esse *Tao*?
Não será porque se diz dele:
"O que pede recebe,
o que pecou será perdoado"?
Por isso o *Tao* é o bem mais precioso da Terra.

LXIII

Quem pratica a não ação
ocupa-se em não se ocupar
e encontra sabor no que não tem sabor;
vê o grande no pequeno e o muito no pouco.
Retribui o rancor com a Vida.
Planeja o que é difícil enquanto ainda é fácil!
Faz o grande enquanto ele ainda é pequeno!
Tudo o que é difícil na Terra começa sempre como algo fácil.
Tudo o que é grande na Terra começa sempre como algo
   pequeno.

Por isso, se o Sábio jamais fizer algo grande,
então poderá realizar grandes feitos.
Quem promete facilmente
é certo que raramente manterá a palavra.
Quem encara as coisas de maneira leviana
terá por certo muita dificuldade.
Por isso, se o Sábio refletir sobre as dificuldades,
nunca as terá.

LXIV

O que ainda está em repouso é fácil de ser agarrado.
O que ainda não surgiu é fácil de ser ponderado.
O que ainda é frágil é fácil de ser quebrado.
O que ainda é pequeno é fácil de ser dispersado.
É preciso agir sobre o que ainda não existe,
é preciso pôr ordem no que ainda não está em desordem.
A árvore com uma braça de diâmetro
nasce de uma haste fina como um fio de cabelo.
A torre de nove andares
nasce de um montículo de terra.
A viagem de mil milhas
começa diante dos teus pés.
Quem age, estraga;
quem segura, perde.

Assim também o Sábio:
não age e, por isso, nada estraga;
não segura e, por isso, nada perde.
As pessoas cuidam de seus negócios
e, quando eles estão quase terminados,
elas os destroem.
Cuida do fim assim como do começo,
e nada será arruinado.

Assim também o Sábio:
deseja ficar sem desejos;
não aprecia os bens difíceis de serem conseguidos;
aprende o não aprender;
interessa-se pelo que o povo deixa de lado.
Favorece, assim, o curso natural das coisas
e nunca ousa agir.

LXV

Os que outrora eram competentes
ao governar segundo o *Tao*
não o faziam pelo esclarecimento do povo,
mas mantendo-o na ignorância.
A dificuldade em governar um povo
está no fato de ele saber demais.

Por isso, quem governa o Estado pelo saber
é ladrão do Estado.
Quem não dirige o Estado pelo saber
é a felicidade do Estado.
Quem conhece esses dois pontos tem um ideal.
Conhecer sempre esse ideal é a Vida oculta.
A Vida oculta é profunda, de grande alcance,
diferente de todas as coisas;
Mas, por fim, obtém grande êxito.

LXVI

Se os rios e os mares reinam sobre todos os riachos
é porque ambos sabem manter-se em níveis inferiores.
Por isso reinam sobre todos os riachos.

Assim também o Sábio:
se quer elevar-se acima do seu povo,
coloca-se abaixo dele quando lhe fala.
Se quer estar à frente de sua gente,
coloca-se atrás.
Portanto:
permanece no alto
e o povo não sente o seu peso.
Mantém-se na liderança
e o povo não é ferido por ele.
Assim, também,
todo mundo é solícito em exaltá-lo,
sem ficar de mau humor.
Como ele não briga,
ninguém no mundo consegue brigar com ele.

LXVII

O meu *Tao* é grande – é o que todos dizem –
porém, de algum modo, é inútil.
E é justamente por ser grande que ele é inútil.
Se fosse útil,
há muito teria ficado pequeno.
Tenho três tesouros
que aprecio e preservo.
O primeiro chama-se amor,
o segundo, sobriedade,
e o terceiro é a recusa de liderar o mundo.
Pelo amor, podemos ser corajosos.
Pela sobriedade, podemos ser generosos.
Por não ousar estar à frente do mundo,
podemos ser a cabeça dos homens de talento.
Querer ser corajoso sem amor,
querer ser generoso sem sobriedade,
querer liderar sem ficar para trás;
isso é a morte.
Se para combater tivermos amor,
sairemos vencedores.
Se usarmos amor na defesa,
seremos invencíveis.
Aquele a quem o Céu quer salvar,
ele o protege pelo amor.

LXVIII

O bom líder
não é belicoso.
O bom lutador
não perde a cabeça.
O vencedor hábil
triunfa sem lutar.
Quem sabe usar bem os homens
mantém-se abaixo deles.
Essa é a Vida que não luta,
a força que manipula os homens,
o polo que se estende até o Céu.

LXIX

Entre os soldados há um provérbio:
"Não ouso bancar o senhor,
prefiro bancar o hóspede;
não ouso avançar uma polegada,
prefiro recuar um passo".
A isso se chama andar sem pernas,
lutar sem braços,
rechaçar sem atacar,
conter sem fazer uso de armas.

Não há maior desgraça
que a de subestimar o inimigo.
Se eu subestimo o inimigo,
corro o risco de perder minhas riquezas.
Quando dois exércitos se defrontam em combate,
vence o que luta de coração pesado.

LXX

Minhas palavras são muito fáceis de compreender
e muito fáceis de pôr em prática.
Mas ninguém no mundo pode compreendê-las
nem praticá-las.
As palavras têm um ancestral.
Os atos têm um Senhor.
Porque eles não são compreendidos,
eu não sou compreendido.
Nisso se baseia o meu valor:
ser compreendido tão raramente.
Por isso o Sábio se veste com trajes grosseiros,
mas no seio ele esconde uma joia.

LXXI

Conhecer o não conhecimento
é o bem supremo.
Não conhecer o que é o conhecimento
é um tipo de sofrimento.
Só quando se sofre desse mal,
fica-se livre dele.
Se o Sábio não sofre,
é porque ele sofre desse mal;
por isso ele não sofre.

LXXII

Quando o povo não teme o que é terrível,
então vem o grande terror.
Não tornem a sua habilitação acanhada
nem aborrecida a sua vida,
pois é por causa disso – por não viver na penúria –
que sua vida não é aborrecida.

Assim também o Sábio
reconhece a si mesmo, mas não quer se exibir.
Ama a si mesmo, mas não busca a fama para si.
Ele recusa isto e admite aquilo.

LXXIII

Quem mostra coragem na temeridade,
perece.
Quem sabe mostrar coragem sem ser afoito,
permanece vivo.
Dos dois, um lucra,
o outro perde.
Mas quem sabe a razão por que
o Céu é hostil a alguém?

Assim também o Sábio:
ele vê as dificuldades.
O *Tao* do Céu não luta,
mas é hábil em obter vitória.
Não fala,
mas encontra a resposta adequada.
Não faz sinais,
mas tudo vem por si mesmo.
É tranquilo,
mas é competente ao planejar.
A teia do Céu tem malhas largas,
mas nada passa por elas.

LXXIV

Se as pessoas não temem a morte,
como se poderia intimidá-las com a morte?
Mas, se mantenho as pessoas
constantemente sob o medo da morte,
e uma delas se comporta de uma maneira estranha,
devo prendê-la e matá-la?
Quem se atreveria a isso?
Há sempre, para matar, um poder mortal.
Tomar o lugar desse poder para matar
é como querer manejar o machado
no lugar do carpinteiro.
Quem quer manejar o machado
no lugar do carpinteiro
raramente deixará
de machucar a mão.

LXXV

Quando o povo passa fome,
isso acontece porque
os fortes e os poderosos cobram impostos em demasia:
por isso ele passa fome.
Quando o povo é difícil de ser governado,
isso acontece porque os fortes e os poderosos se intrometem
    em demasia:
por isso ele é difícil de ser governado.
Quando o povo faz pouco-caso da morte,
é porque os fortes e os poderosos querem viver a boa vida:
por isso ele faz pouco-caso da morte.
Contudo, quem não age por amor à vida
é melhor do que aquele para quem a vida é preciosa.

LXXVI

Quando ingressa na vida,
o homem é tenro e fraco;
quando morre,
é duro e forte.
Ao entrarem na vida, as plantas
são tenras e frágeis.
Quando morrem,
são secas e duras.
Por isso os duros e fortes
são companheiros da morte,
e os tenros e frágeis
são companheiros da vida.

Por isso:
se as armas são fortes, não sairão vitoriosas;
quando as árvores são duras, são abatidas.
O que é grande e forte diminui.
O que é suave e fraco prospera.

LXXVII

O *Tao* do Céu: como se assemelha ao arqueiro!
Ele empurra para baixo o que está no alto
e levanta para o alto o que está embaixo.
Ele diminui o que existe em demasia
e completa o que é insuficiente.
Cabe ao *Tao* do Céu
reduzir o que é demais e completar o que é insuficiente.
O *Tao* do homem não é assim:
tira do que não tem bastante
para dar ao que tem demais.
Mas quem é capaz de
dar ao mundo o que tem de supérfluo?
Só o possuidor do *Tao*.

Assim também o Sábio:
ele cria e não guarda.
Realizada a obra, não permanece junto dela.
Ele não gosta de mostrar sua importância diante dos outros.

LXXVIII

No mundo inteiro
não há nada mais fluido e suave do que a água.
No entanto, para atacar o que é duro
nada se iguala a ela.
Nada pode mudar isso.
A fraqueza vence a força,
a suavidade vence a dureza:
todos na Terra o sabem,
mas ninguém é capaz de agir assim.
É por isso que um Sábio disse:
"Quem toma sobre si a lama do reino,
esse é o senhor dos sacrifícios na Terra.
Quem toma sobre si a infelicidade do reino,
esse é o rei do mundo".
As palavras verdadeiras parecem paradoxais.

LXXIX

Quando se aplaca um grande rancor,
ainda resta algum ressentimento.
Como considerar isso um bem?
Por isso o Sábio cumpre o seu dever
e nada exige dos outros.

Por isso quem tem Vida
cumpre o seu dever;
quem não tem Vida agarra-se ao seu direito.

LXXX

Um país pode ser pequeno
e poucos os seus habitantes.
Instrumentos que multiplicam a força do homem
não devem ser usados.
O povo deve pensar seriamente na morte
e não deve viajar para longe.
Mesmo que haja navios e carros,
ninguém deve se servir deles.
Mesmo que haja couraças e armas,
ninguém deve ostentá-las:
que o povo volte a fazer nós em cordas
para usá-las à guisa de escrita.
Que faça doce o seu alimento
e belas as suas roupas,
pacífica a sua moradia
e alegres os seus costumes.
Que os países vizinhos estejam ao alcance da vista,
de modo que se possa ouvir de cada lado o canto dos galos
    e o latido dos cães;
e assim as pessoas morrerão em idade avançada,
sem ter viajado de um lado para outro.

LXXXI

As palavras verdadeiras não são bonitas,
as palavras bonitas não são verdadeiras.
A habilidade não é persuasiva,
a persuasão é destituída de mérito.
O Sábio não é erudito,
o erudito não é sábio.
O Sábio não acumula posses.
Quanto mais ele faz para os outros,
mais ele possui.
Quanto mais dá aos outros,
mais ele recebe.
O *Tao* do Céu "favorece sem prejudicar".
O *Tao* do Sábio é "agir sem lutar".

Lao-Tzu. (Litogravura da época T'ang.)

Comentários

Os Ensinamentos de Lao-Tzu

I. O Tao

O antigo teísmo chinês ensinava que no céu havia um deus de quem o mundo simplesmente dependia, um deus que recompensava os bons e castigava os maus. Essa Entidade possuía consciência humana, e permitia os santos eleitos ao seu redor, como o rei Wen; podia encolerizar-se quando os homens eram maus; porém, no fim, sempre os perdoava de novo e deles se compadecia, quando seu sacerdote e representante, o filho do céu, se purificava de maneira correta e se acercava dele com sacrifícios. Além desse pai no céu – acompanhado pela mãe-terra, cuja presença jamais afetou basicamente o pensamento monoteísta –, havia ainda uma série de espíritos da natureza e dos ancestrais. Apesar de dependentes do céu, não obstante eles tinham as suas áreas específicas para cuidar, de modo semelhante aos funcionários subordinados ao rei.

Essa filosofia religiosa havia sido esmagada pelo impacto de acontecimentos terríveis, que em parte alguma revelavam a existência de um deus do céu que interviesse em favor dos pobres seres humanos torturados e, apesar de tudo, inocentes. Com Lao-Tzu, teve início a eliminação definitiva do antropomorfismo religioso. O céu e a Terra não têm os sentimentos humanos de amor. Para eles, todos os seres são como meros cães de sacrifício feitos de palha. Nas festas de sacrifício, antes de montar os cães de palha, estes são colocados num escrínio e envoltos em bordados. O sacerdote dos mortos jejua e se purifica antes de sacrificá-los. Porém, depois de montados, eles são jogados fora, de modo que, ao passar, as pessoas pisam sobre a cabeça e as costas deles e os coletores de gravetos os recolhem e queimam. O mesmo acontece com relação à natureza de todos os seres vivos: enquanto o tempo lhes pertence, encontram a mesa da vida naturalmente posta para eles e tudo está preparado para seu uso. Porém, passada a hora, são jogados fora e pisoteados, e o fluxo da vida passa por eles.

No entanto, Lao-Tzu está longe de considerar o curso da natureza como algo acidental ou desordenado. Desse modo, ele está livre de todo o ceticismo e pessimismo. Ele não apenas luta contra a religião popular, mas a substitui por algo mais elevado e que leva até mais longe. Com base na velha sabedoria do *Livro das Mutações*, Lao-Tzu reconhecia que a essência do mundo não é uma condição estaticamente mecânica. O mundo está em constante alternância e transformação. Portanto, tudo o que existe está condenado a morrer, porque, embora sendo verdadeiro que nascimento e morte são opostos, não obstante um e outro estão forçosamente ligados. Mas ainda que tudo o que existe tenha de perecer, não há nisso nenhum motivo para dizer que "tudo é vão", porque o próprio *Livro das Mutações* mostra igualmente que todas as transformações se realizam segundo leis estabelecidas. O *Livro das Mutações* contém a concepção de que a totalidade do mundo fenomenal está baseada no antagonismo polar das energias; o criativo e o receptivo, a unidade e a duplicidade, a luz e a sombra, o positivo e o negativo, o masculino e o feminino, são fenômenos das energias polarizadas que produzem toda alternância e transformação. Porém, não se deve imaginar essas energias como princípios primordiais estáticos. O conceito do *Livro das Mutações* está longe de qualquer dualismo cósmico. Ao contrário, essas energias encontram-se em contínua transformação. A unidade se divide e se converte em duplicidade, a duplicidade se une e torna a ser unidade. O criativo e o receptivo se unem e geram o mundo. Assim, Lao-Tzu também diz que o Um gera o Dois, o Dois gera o Três e este gera todas as coisas. No *Livro das Mutações* isso é representado pela união da linha indivisa do criativo com a linha dividida do receptivo que se combinam na formação dos oito signos primordiais de trigramas em três níveis, combinações estas de que é construído todo o mundo das constelações cronológicas possíveis.

No entanto, Lao-Tzu também deduziu a partir do *Livro das Mutações* que essa mudança de todos os fenômenos não é uma mera coincidência. Esse livro fala de três mudanças:

1. Uma transformação cíclica, como, por exemplo, a representada pela mudança das estações do ano. Um estado

passa a outro, mas, no curso dessa mudança, retorna ao estado inicial. Assim, ao inverno sucedem-se a primavera, o verão e o outono, mas, depois deste, vem outra vez o inverno e, desse modo, fecha-se o ciclo de mutação. Essas transformações cósmicas são o nascer e o pôr do sol, e durante os dias e os anos, as faces da lua minguante e crescente, as estações da primavera e do outono, o nascimento e a morte.

2. O desenvolvimento progressivo. Um estado passa progressivamente a outro, mas a linha de desenvolvimento não retorna a si mesma; o progresso e o desenvolvimento prosseguem sempre com o tempo. Assim, os dias de um homem, embora incorporados ao grande ciclo das estações do ano, não são iguais; cada um contém a soma das vivências antecedentes acrescidas da vivência de cada novo dia.

3. A lei imutável que atua nessas mudanças. Essa lei determina que todos os movimentos se manifestem de maneira definida. Ao observar os fenômenos entre o céu e a Terra, o homem sente o esmagador efeito de sua imponente grandeza, do seu peso, da sua desconcertante variedade e multiplicidade. Essa lei expressa que o princípio criador é a energia ativa que atua no tempo. Quando entra em ação, essa energia o faz inicialmente de uma maneira muito suave e imperceptível, de modo que não se perde a visão geral. Só a partir do suave e do diminuto se desenvolve o

denso e o imponente. O receptivo é o princípio da mobilidade espacial. Quando ele reage aos estímulos do criativo, cada mudança espacial é inteiramente simples e paulatina, de modo que é reconhecível, sem haver confusão. Essa mudança singela e gradual só cresce até a desconcertante multiplicidade no curso posterior dos fatos. Por isso é preciso reconhecer as sementes em tudo. Aqui é que se deve intervir, quando se quer agir, a fim de que, do mesmo modo que a natureza, os efeitos possam crescer do tênue e simples até o denso e variado. Isso porque em todas essas leis não há necessidades impostas de fora, mas uma vitalidade orgânica imanente que atua de maneira completamente independente, numa liberdade que corresponde à própria lei da enteléquia.

O que está no fim de tudo, no âmago de todas essas mudanças, é a grande polaridade (*T'ai Gi*), a unidade que transcende toda dualidade, todos os fatos e mesmo toda a existência. Essas mudanças se processam por meio de um caminho fixo e pleno de sentido (*Tao*), no caminho do céu (*T'ien Tao*), ao qual corresponde, na Terra, o caminho do homem (*Jen Tao*). Isso porque o princípio mais importante do *Livro das Mutações* é o de que há uma relação universal e harmônica entre o macrocosmo e o microcosmo, entre as imagens que o céu envia para baixo e os pensamentos culturais que os santos formam quando as imitam. Na concepção do caminho do céu e do caminho do homem, contida no *Livro das Mutações*, vê-se ainda o reflexo do fundamento astronômico-astrológico peculiar à religião chinesa. Essas ideias, mais ampliadas, são encontradas na filosofia de Confúcio. Mas Lao-Tzu também baseia nelas a sua filosofia. Apesar de ter deixado apenas alguns aforismos, Lao-Tzu também tinha uma filosofia; os aforismos contêm um sistema rigorosamente fechado, que se revela a quem seja capaz de ter uma visão geral do seu conteúdo.

Lao-Tzu procura, antes de tudo, um princípio básico de sua concepção do mundo. O confucionismo havia se detido na concepção de céu. O céu era uma entidade imaginada de algum modo pessoal. Na verdade, era concebido de maneira mais elevada e pura do que o deus da religião popular, Chang Ti, que, em parte, tinha traços fortemente antropomórficos; no entanto, em momentos de grande tensão, Confúcio falava sempre de uma maneira em que se podia perceber claramente suas relações religiosas com o céu que "o conhece", que lhe confiou a transmissão da cultura e ao qual se podia orar, quando se passava por crises íntimas. Para Lao-Tzu, o céu não era ainda o mais elevado e derradeiro grau. O grau mais elevado e definitivo estava além da personalidade e até de qualquer ser de algum modo perceptível ou definível. Não era nada que estivesse ao lado ou acima das outras coisas. Mas não era também um nada, mas algo que se subtraía às formas do pensamento humano.

Para uma coisa assim não há, naturalmente, nome algum, já que todos os nomes só nascem das vivências; essa coisa é, no entanto, o que primeiro possibilita as vivências. Denominou-a, por força da necessidade, *Tao*, só para poder falar dela, pois não tinha uma expressão melhor e chamou-a igualmente de *grande*. Desse modo, aceitou uma expressão existente e a transformou. O *Tao* do céu e o *Tao* dos homens sempre foram conhecidos, mas não o *Tao* absoluto. *Tao* significa caminho. Mas no sentido de Lao-Tzu não se pode, sem mais nem menos, traduzi-lo por caminho ou senda. Há duas palavras chinesas para caminho. Uma é *Lu*. Resulta da combinação dos símbolos para "pé" e "cada". É o que cada pé pisa, o caminho que resulta justamente do fato de ser percorrido. Transposto o seu sentido, essa expressão poderia ser usada para o conceito moderno de lei natural, que é, do mesmo modo, aceita como existente, pois os processos ocorrem no sentido dessa lei. A outra palavra para caminho é *Tao*, que se escreve combinando os símbolos para "cabeça" e "andar". Daí resulta um significado substancialmente diferente do da palavra *Lu*. O de um caminho que conduz a um objetivo, o de direção, de caminho indicado; tem, ao mesmo tempo, o sentido de "falar" e "guiar". Parece que esse símbolo foi usado inicialmente para as trajetórias astronômicas dos corpos celestes. O Equador, desde os tempos antigos, é chamado "caminho vermelho" e a elíptica de "caminho amarelo". No entanto, esses caminhos não são acidentais: têm um significado, um sentido. É a liberdade absoluta, que se orienta somente por si mesma, ao passo que todas as outras coisas recebem o seu sentido de algo externo: o homem, da Terra, a Terra, do céu, e o céu, do *Tao*.

Falando do *Tao*, Lao-Tzu preocupa-se em afastar tudo o que possa lembrar algum tipo de existência. O *Tao* está num nível totalmente distinto de tudo quanto pertence ao mundo dos fenômenos. É anterior ao céu e à Terra; não é possível dizer de onde vem; é anterior ao próprio Deus. Ele se baseia em si mesmo, é imutável e está em eterna circulação. É o princípio do céu e da Terra, isto é, da existência espacial e temporal. É a origem de todas as criaturas; outras vezes é designado também como o ancestral de todos os entes. Há um antigo verso que o compara ao espírito do vale vazio, ao misterioso feminino que flui ininterruptamente semelhante a uma queda-d'água e cuja porta misteriosa é a raiz do céu e da Terra. É bem possível que essa concepção se baseie numa velha fórmula mágica destinada a conjurar o espírito do pictograma *K'an* ☵. Esse é um dos oito pictogramas arcaicos do *Livro das Mutações*. Significa a lua e a água celeste que flui entre as margens escarpadas. É o escuro misterioso, e o abissal, a sabedoria mais elevada e mutável, o inesgotável. Originariamente, foi imaginado como feminino. Somente por volta do segundo milênio começou a ser designado como masculino. Encontra-se no norte ou no oeste, sempre na metade escura do ciclo solar. O seu signo no céu estrelado é o guerreiro escuro, misteriosa união de serpente e tartaruga. Não há dúvida de que, em tempos antigos, a magia negra estava ligada a esse signo. Liä Dsï afirma que o verso citado deriva dos escritos de Huang Ti. É bem possível que também Lao-Tzu o tenha citado, visto que muita coisa no *Tao-Te King* é citação. Para Lao-Tzu, nesse verso havia certos elementos concordantes com o que ele entendia como *Tao*, de modo que o usou como metáfora. Também noutras passagens, ele compara o *Tao* com a água, que é tão potente porque permanece sempre embaixo e em lugares que, em geral, são odiados; ou encontrou uma semelhança do *Tao* com o vale, o mar, os rios profundos, porque todos se mantêm embaixo e são capazes de absorver todas as águas que para eles afluem, sem ficarem cheios ou transbordarem. Isso porque o *Tao* também é vazio e nunca se enche.

Embora se negue existência ao *Tao*, no entanto ele também não é simplesmente nada. Isso porque do nada não pode surgir nada. É verdade que o *Tao* não é temporal nem espacial. Olhando-o, não o vemos, escutando-o, não o ouvimos, e se quisermos tocá-lo, não o sentimos. Contudo, de algum modo, nesse ser não espacial nem temporal está depositada a variedade. Mesmo não o vendo, ouvindo e sentindo, há algo nele que corresponde a essa variedade dos sentidos: figuras, imagens, embora informes, imateriais. No *Tao* não se pode distinguir a cabeça nem as costas. Muitas vezes é como se estivesse aí para logo se retirar para o não existente. Ele se encontra então num nível que está além do ser e do não ser. Não é nada real, porque se o fosse, seria uma coisa ao lado de outras coisas. Mas também não é tão irreal que as coisas reais não possam resultar dele.

Portanto, não é possível depoimento direto algum sobre o *Tao*. Todo depoimento direto será falso, porque ele está além do predicável. Daí a razão pela qual Lao-Tzu se esforça constantemente por restringir os seus depoimentos. Ele fala por metáforas.

Diz "parece", "pode ser chamado", "é como se", "é mais ou menos como"…, enfim, usa apenas designações vagas e restritas. Porque, na sua totalidade, o *Tao* não pode ser reconhecido e entendido. Todos os depoimentos são meras referências a uma vivência espontânea, que não é possível descrever em palavras.

Justamente por esse motivo, o *Tao* também não é um conceito. Por ser espontânea, a vivência do *Tao* ultrapassa todos os conceitos. Tampouco é matéria de estudo. Quem o conhece não fala dele e quem fala dele não o conhece. Quanto mais se quer circunscrevê-lo e defini-lo, tanto mais distante se está dele. Por isso o caminho para o *Tao* é diretamente oposto ao do aprendizado. Por meio deste acumulam-se experiências e obtém-se progressiva abundância, na medida em que se vai mais longe; ao passo que, se nos voltarmos para o *Tao*, as experiências disponíveis vão se reduzindo cada vez mais até que se chega ao não fazer. Cultivando o não fazer, nada fica sem ser feito; tudo se faz por si mesmo.

No entanto, nessas circunstâncias, Lao-Tzu sabia muito bem que o seu *Tao* não era nenhuma conquista científica. Homens de natureza elevada, ao ouvirem falar dele, atuam segundo suas leis. Os de natureza menos elevada ficam na dúvida; ora têm o *Tao*, ora ele lhes escapa de novo. Os homens comuns riem alto ao ouvirem falar dele e, quando não riem, é porque não se tratava ainda do verdadeiro *Tao*.

Se perguntarmos agora o que Lao-Tzu queria dar a entender por *Tao*, teremos de recorrer a vivências místicas para chegarmos à compreensão. Ele é semelhante a uma concepção como a que encontramos também no budismo Mahayana. Por meio do reco- lhimento e da meditação, chega-se ao estado de samádi, no qual a psique ultrapassa o consciente e submerge nas esferas da su- perconsciência. Quando são genuínas, essas vivências levam, de fato, para profundezas do ser que ultrapassam a totalidade do mundo fenomênico. A forma exterior dessas ocorrências é co- nhecida por determinados processos da parapsicologia e tornou- -se objeto de pesquisas científicas. Porém, a vivência do próprio *Tao* jamais será objeto da pesquisa científica. Trata-se, no caso, de um arquifenômeno, no mais elevado sentido, e que só pode- mos admirar respeitosamente, mas não definir ou sondar. Com a experiência do *Tao* se passa o mesmo que com todas as experiên- cias imediatas. Se, por exemplo, tenho a sensação do amarelo ou do azul, os processos pelos quais essa sensação surge nos olhos talvez possam ser pesquisados – dando-se uma boa margem a essa hipótese –, mas com isso nada se dirá ainda sobre a sensação. E jamais será possível transmitir qualquer noção de cor a quem não tenha essa vivência. Com o *Tao* dá-se exatamente o mesmo. Toda a parapsicologia não pode nos proporcionar essa vivência; para compreendê-la é preciso ter passado por ela. Mas para quem tem uma vivência correspondente, as palavras de Lao-Tzu são imediatamente compreensíveis e adequadas para fazê-lo progre- dir em seu caminho.

Lao-Tzu atribui ao *Tao* importância não apenas psicológica, mas cósmica. E nisso está certo, visto que o cosmo não é algo objetivo que existe de modo independente da vivência. Cada organismo tem o seu ambiente de acordo com as ferramentas criadoras que lhe são disponíveis para isso. Ao conceber o *Tao* de modo que ele não possa ser compreendido de algum modo e em lugar algum, Lao-Tzu oferece, assim, as condições para cada vivência e também para cada cosmo. Então, toda vivência baseia-se na dotação de sentido, e o *Tao* é justamente o sentido que confere significado a tudo quanto é e, desse modo, chama tudo quanto é para a existência. O *Tao* cria tudo o que é criado, mas como cria até mesmo o criativo, ele mesmo nunca entra no mundo fenomenal. Lao-Tzu não faz suas afirmações sobre o *Tao* simplesmente como afirmações apodícticas. É verdade que, de acordo com a natureza do assunto, não pode oferecer provas sobre ele, mas indica os caminhos pelos quais se pode chegar à vivência do *Tao*. Esses caminhos serão apresentados adiante. Por ora, é importante passar do mundo metafísico e metapsíquico para o mundo dos fenômenos.

II. O Mundo dos Fenômenos

O Ser, o *Tao*, desdobra-se na realidade num mundo de fenômenos. Esse mundo pode ser objeto de pesquisa científica, porque nele se encontram as coisas cuja existência proporciona a possibilidade de designação abstrata. No entanto, o mundo da realidade não é algo diferente do *Tao*. Lao-Tzu está distante de propor qualquer teoria sobre um mundo terreno que emane de um mundo superior. Isso porque o mundo do *Tao* não é a unidade abstrata, mas, como vimos, nele há variedades imanentes. No *Tao* há imagens, coisas, sementes. Certamente essas imagens não são fenômenos especiais isolados, mas estão potencialmente no *Tao* unitário. Porém, são essas imagens e coisas que, como energia germinal da realidade, condicionam os fenômenos do nosso mundo.

Para compreender o que Lao-Tzu quer dizer com essas imagens, é preciso recorrer à teoria platônica das ideias. Porém, há a diferença de que, em Lao-Tzu, a teoria das ideias não se desenvolve dialeticamente. Não se pode chegar à compreensão por meio da formulação de uma mera abstração, mas, ao contrário, uma visão primária oriunda das profundezas interiores produzirá por si mesma essas "imagens". São imateriais, sem dimensão, apenas como se fossem imagens fugazes que passam pela superfície clara de um espelho. Essas imagens de coisas são a semente da realidade. Assim como a árvore está contida na semente, inconcebível, invisível e inteiramente inequívoca como entelêquia, as coisas da realidade estão contidas nessas imagens-sementes. Às vezes elas se destacam e, em seguida, se desenvolvem de um modo bem determinado, porque essas sementes são inteiramente genuínas, estando nelas a precisão do evento; jamais ocorre que da semente de um gênero possa nascer uma semente de outro. Mas do mesmo modo, quando se destacam dessa maneira, nunca se tornam solidificadas na existência; voltam de novo ao imaterial e abandonam as conchas dos fenômenos que antes animaram, mortas e vazias. Porém, a vida não morreu, ainda que os "cães de palha" dos fenômenos sejam jogados fora e pisoteados.

Nessa doutrina das ideias de Lao-Tzu, vemos uma continuação da doutrina das sementes tal como está contida no *Livro das Mutações*. O que neste é designado como semente do qual se desenvolve uma série sucessiva de eventos segundo a lei permanente das metamorfoses, para Lao-Tzu é a imagem que, como lei imanente invisível, dirige o nascimento e a morte das coisas reais. De maneira oportuna, Lao-Tzu tira uma dedução notável desse evento apoiado também no *Livro das Mutações*, quando diz que a *unidade* gera a *duplicidade*, a *duplicidade* gera a *tríade* e esta gera todas as coisas. Assim é desenvolvida a complementação dos opostos. Ao estabelecer a *unidade* como decisão, limite, linha ou qualquer outra coisa, com isso já está dado simultaneamente tudo o que não é *unidade*; produz-se o *segundo*. Mas como a *duplicidade* se junta à *unidade*, produz-se a *tríade*. Esses três tornam a formar uma unidade de tipo ampliado, que já inclui em si uma variedade. Além disso, não se consegue prosseguir com o processo sem chegar-se à multiplicidade. Por isso se diz que a *tríade* produz todas as coisas. Para compreender essa especulação, basta recorrer ao neoplatonismo na filosofia antiga. Esse pensamento tem parentesco com a antiga especulação cristã sobre a Trindade, cuja continuação até *quatro* dá origem a Lúcifer. Conceitos semelhantes podem ser encontrados até mesmo na mais recente filosofia do tempo atual. O movimento dialético de Hegel, que abrange a tese, a antítese e a síntese, no qual a síntese se converte em tese e ponto de partida da continuidade, baseia-se rigorosamente na mesma concepção enunciada por Lao-Tzu.

Essas duas forças primordiais das quais nasce, como terceiro termo, o mundo visível, são o céu e a Terra, o Yang (a força clara) e o Yin (a força escura), a série positiva e a negativa, o temporal e o espacial, em suma, os opostos de que se origina o respectivo fenômeno. O céu e a Terra são comparados a um instrumento musical de sopro, do tipo da flauta. O instrumento em si é vazio, mas o sopro faz brotar dele sons e, quanto mais é soprado, maior a variedade de sons produzidos por ele. Todas as melodias infinitas surgem em sequência interminável, mas são captadas pelo instrumento, que por si só não é som. A flauta é a Terra; o sopro, o céu. Quem, no entanto, produz o som? Quem é o tocador dessa flauta mágica, de onde brota esse mundo colorido? Em última análise, é o *Tao*. Ele não tem por base alguma a causa externa, mas se movimenta com livre naturalidade a partir do seu próprio ser.

Assim, o *Tao* ocupa uma dupla posição no mundo dos fenômenos. Emite os germes das ideias para a existência na qual estes se desenvolvem em coisas que se estendem no espaço e no tempo. É o grande flautista com sua flauta mágica. É o ancestral de todas as criaturas, a raiz do céu e da Terra, a origem de todas as coisas. Desse modo, tem um aspecto orientado para a existência. Porém, caso se quisesse pegá-lo ou escutá-lo, isso não seria mesmo possível. Ele se retira novamente para o não ser, em que é inatingível e eterno. Isso porque todas as coisas sob o céu nascem do ser, mas o ser nasce do não ser e retorna ao não ser, ao qual nunca deixa de estar ligado pela raiz. Porque esse *Tao*, esse "não ser" é a força motriz de tudo quanto se move no mundo fenomenal. A função, o efeito de tudo o que "existe" tem base no "não existente". A realidade é, por assim dizer, desarticulada pelos espaços vazios e, dessa maneira, tornada utilizável, pelo fato de ser "o nada", isto é, o vazio, que faz girar as rodas do carro; ou que faz os recipientes ou os quartos que se tornam utilizáveis justamente pelos "nada", pelos espaços vazios que contêm. Assim, o *Tao* atua no mundo dos fenômenos justamente pela não ação.

Após ter seguido o modo como, pela transmissão das ideias, o mundo dos fenômenos "nasce" do *Tao*, resta ainda lançar um olhar sobre a teoria do conhecimento, a saber, a doutrina baseada nos conceitos tal como ela existe em Lao-Tzu. Na filosofia chinesa daquela época, desempenhava importante papel o problema da relação entre "nome e realidade". Enquanto, sob a influência dos racionalistas posteriores, se ampliava cada vez mais o nominalismo, que considerava o "nome" como algo puramente arbitrário que nunca atingia a realidade, a filosofia clássica de Confúcio, e Lao-Tzu concordava plenamente em que as noções, os "nomes" correspondessem, de algum modo, à realidade, ou seja, podiam ser levados à concorrer com ela, de tal modo que se tornassem o meio de se estabelecer a ordem na realidade. Desse modo, a "retificação dos conceitos" é, para Confúcio, o meio mais importante para organizar a sociedade humana; as designações empíricas devem ser levadas a se harmonizar com as designações racionais, a fim de que então a sociedade fique ordenada. Assim, por exemplo, na família, o homem que recebe a designação de "pai" tem de ser de tal natureza que corresponda ao que encerra o conceito racional de pai, do mesmo modo que o filho tem de ser filho e os demais membros da família devam corresponder às suas respectivas posições; desse modo, a família atinge a ordem. Assim deve ser em todos os domínios, para que se crie a ordem. Esse pensamento tem origem igualmente no *Livro das Mutações*. Há nele a ideia de que o céu mostra as "imagens", isto é, as imagens arquetípicas, tomadas pelos líderes autorizados e os profetas como medida orientadora de suas constituições culturais ("re-trato"). Assim, por exemplo, os signos do *Livro das*

Mutações retratam as possíveis situações mundiais e, por isso, podemos tirar das leis de suas transformações conclusões sobre o tipo de transformação da situação cósmica.

Em Lao-Tzu, deparamo-nos também com uma doutrina das noções. As "imagens", presentes de modo imanente no *Tao*, de algum modo podem ser designadas por "nomes", mas estes são, por assim dizer, nomes ocultos impronunciáveis. Como o *Tao*, eles tampouco são pronunciados. Naturalmente, há nomes que também podem ser ditos, mas não são os mais elevados e eternos. Ainda assim, os nomes pronunciáveis, quando bem escolhidos, aproximam-se de algum modo do ser, mesmo que apenas como "hóspedes da realidade", e não como senhores. Por intermédio desses nomes, pode-se depois criar também a ordem, transmitir de certo modo a tradição e assim preservar a continuidade do evento humano.

Assim, por exemplo, pode-se designar com o nome de "não ser" o mundo da essência e com o nome de "ser" o mundo dos fenômenos. O "não ser" é, então, o princípio do céu e da Terra; o "ser", a origem de todos os entes. Por isso, concentrando-nos no "não ser", contemplamos os segredos da essência e, concentrando-nos no "ser", contemplamos a aparência externa, espacial, das coisas. No entanto, não se deve pensar que se trata de um mundo duplo, de um aquém e de um além. Ao contrário, a diferença reside apenas no nome. O nome de um é "ser"; o do outro é "não ser". Porém, apesar da diferença dos nomes, trata-se de um único e mesmo fato: o obscuro segredo de cuja profundeza brotam todos os milagres.

Mas quando se tem nomes pronunciáveis, então tem-se neles os instrumentos do conhecimento. Pelas noções que são anexadas como nome às coisas, tem-se um meio de apreender uma coisa e, ao se pensar representá-la com um nome, tal como na álgebra, que se colocam letras no lugar dos números e por elas se podem expressar as leis, como fórmulas a que os números devem se submeter. Na medida em que as realidades, isto é, as coisas, corrigem os nomes, eles são úteis. Os nomes podem ser usados para definir o conhecimento. Cada uma dessas definições tem, na verdade, a necessária propriedade da divisão. Quando todos os homens reconhecem o belo como belo, só por isso já está estabelecido o feio. O conhecimento é obtido pela comparação e pela definição e, por isso, está forçosamente atado ao mundo do fenômeno, que é multipartido em pares de polaridades opostas.

Porém, isso vai mais além. Ao ter, nos conceitos, instrumentos de conhecimento da realidade, o homem pode manejar também esses conceitos de maneira autônoma. Ele pode produzir conceitos aos quais, em sua realidade, não corresponde nenhuma imagem arquetípica. Pode isolar coisas situadas num outro relacionamento existencial e estabelecer assim algo que não existe com o objetivo de esforço. Desse modo, os nomes passam a ser produtores de desejos. Com a sua ajuda, pode-se constatar não só o que se tem, mas também o que não se tem. Para Lao-Tzu, é nesse ponto que se situa o pecado original do conhecimento, porque a realidade, embora sendo a aparência e o lado exterior do *Tao*, não obstante está relacionada de alguma maneira com o

Tao e enfrenta agora um mundo de finalidades que não são reais, mas são desejadas e devem ser alcançadas pela atividade humana. Nasce assim o desejo pela propriedade alheia. Porém, como o proprietário não a quer ceder sem mais nem menos, disso resulta a disputa e a luta e, finalmente, o roubo e o assassinato e, dessa maneira, o contrário do *Tao*.

Portanto, para Lao-Tzu, o mundo dos fenômenos se converte no mundo do mal pelo desejo que está relacionado com a existência dos nomes. Porém, desse modo, os homens se enredam nas malhas do engano. Então, as percepções não são mais ideias puras, nas quais a vontade permanece silenciosa, mas ofuscam e seduzem, e a alucinação do desejo enlouquece os homens. O raciocínio trabalha; aumentam os conhecimentos. Porém, quanto mais agudamente o raciocínio trabalha, mais agudos se tornam os conhecimentos e mais a humanidade se afasta do *Tao*. Por isso Lao-Tzu é da opinião de que não se deve incentivar mais o desenvolvimento da cultura e do conhecimento, mas assimilá-lo inofensivamente no contexto da natureza. Em oposição ao exagerado desenvolvimento do racional, é preciso retornar à indizível simplicidade, ao estado no qual ainda se permite a atuação inocente do *Tao*, sem pretender designá-lo com um nome por ter-se restabelecido o elo entre a grande mãe e o seu filho, o ser humano.

III. Da Obtenção do Tao

Lao-Tzu está longe de apresentar uma mera teoria da compreensão do mundo; ao contrário, quer mostrar o caminho que conduz para fora do labirinto do mundo fenomenal, que conduz à eternidade. Encontrar esse caminho e palmilhá-lo significa alcançar o *Tao*. O caminho para a obtenção do *Tao* é duplo: um conduz à existência, outro à não existência. Quando são orientados para encontrar o *Tao* na existência, os fenômenos devem ser observados de tal maneira que não se fique enredado neles. As formas exteriores do *Tao*, sendo este a origem de tudo quanto aparece, são: o alto e o baixo, o belo e o feio, o bom e o mau. Não há nada que não tenha a sua existência a partir do *Tao*, pois ele não se nega sequer ao mais ínfimo grão de pó. No entanto, procura-se em vão o *Tao* na realidade dos fenômenos, quando se tem objetivos e intenções. Quanto mais se explorar o mundo com objetivos e intenções determinadas, quanto mais se cultivar a ambição, quanto mais se quiser ou se fizer algo, tanto mais se ficará enredado no isolamento. Este leva ao contrassenso, que não dura muito tempo. Nesse caso, não faz nenhuma diferença para onde a nossa aspiração se volte; se buscarmos prazer, cores, sons, guloseimas, jogos excitantes, bens raros, o efeito de tudo isso é apenas um enredamento mais profundo na ilusão. Trata-se igualmente de ilusão quando o objetivo for cultivar a santidade e a sabedoria, o amor e a responsabilidade, a arte e o lucro, a erudição e o conhecimento, pois isso também provocará a excessiva acentuação de um dos polos, o que forçosamente provocará a acentuação do outro. Quando todos os homens reconhecem o belo como belo, isso por si só já estabelece o feio. O *Tao* é como a tensão do arco. Complementa cada unilateralidade pelo seu oposto. O alto é rebaixado, o baixo é elevado. O sentido do céu é reduzir o superabundante e complementar o carente.

Por isso, o caminho que conduz ao *Tao* pelo ser passa pela aceitação dos opostos no mundo dos fenômenos. Quanto mais livre nós nos tornamos das ambições ilusórias, tanto mais nos libertaremos do próprio ego. Então, não olhamos mais para o mundo sob o açoite do medo ou cheios de esperança, mas puramente como se ele fosse um objeto. Verificamos que todas as coisas surgem e crescem e que retornam sempre à raiz. Veem-se gigantescas energias desencadeando-se feito aguaceiros e ciclones, mas nenhum ciclone dura a manhã inteira; logo passa. Reconhecemos como as armas são fortes, mas não saem vitoriosas; vemos como a árvore é rija, mas é abatida. É do sofrimento que depende a felicidade. O sofrimento está à espreita da felicidade.

Mediante esses conhecimentos conseguimos eliminar o eu, porque é esse pequeno eu que considera o diminuto espaço entre o nascimento e a morte como sua vida, é esse eu que é a verdadeira causa de toda ilusão. Ao desejar algo para esse espaço de tempo e tratando de realizar o desejado pela magia do nome – pelo qual primeiro vem o conhecimento do desejado, que, por seu turno, causa o desejo –, surgem todas as teias que ocultam o *Tao* ao consciente. Assim, a própria graça é inquietante e a honra um grande sofrimento, simplesmente por causa da personalidade, que tudo relaciona consigo mesma. Esse eu-personalidade precisa estar constantemente inquieto, tanto quanto lhe acontece receber uma graça ou quando lhe acontece perdê-la, sucedendo o mesmo com a honra. Eliminada a personalidade, não há mais nenhum mal. Isso porque o *Tao* age com segurança soberana, mesmo quando os desejos obscurecem o eu; até mesmo esses desejos são efeitos do *Tao*, segundo leis fixas. Nada poderia ser diferente do que é. Trata-se apenas de não obstruirmos o caminho. Desse modo, a imagem do mundo fica isenta de ilusão e é pura, e assistimos ao jogo da vida com a quietude interior. Sabemos que viver e morrer é o mesmo que entrar e sair. Se seguirmos a lei eterna sem nos apegarmos a nada, sem nos deixarmos endurecer e cristalizar em ponto algum, permanecemos no fluxo do *Tao* e as forças da morte – que só podem atacar quando no indivíduo algo se solidificou – não terão mais poder sobre nós. Assim o caminho exterior, ao longo da existência, é um caminho para o *Tao*, que se desdobra na existência quando estamos livres da ilusão e somos capazes de assistir, em pura contemplação, à obra-prima da mãe eterna, que tece os fios e os deixa fluir como os jorros de cascatas, de modo ininterrupto e incessante. Porém, sabemos que esse véu é vivo, está em constante movimento, não conhecendo demora, nem desejo, nem ego, nem duração. Tudo flui.

No entanto, essa contemplação pura, que percebe no perecível o sentido eterno do trabalho, é apenas um dos caminhos. O outro leva pelo não ser. Por ele chegamos à contemplação das forças ocultas, à união com a mãe. O que antes era apenas um espetáculo, agora é vivência. Chegamos à *unidade* sem-par, à porta escura de onde brotam o céu e a Terra, todos os seres e todas as forças. Esse é o caminho da solidão e do silêncio. Nele surgem lampejos de conhecimentos de que não podemos falar aos outros e que devemos venerar em silêncio. Esse caminho do silêncio nos distancia muito de tudo o que é pessoal, porque o que é pessoal representa apenas o invólucro perecível com o qual nos movemos, à medida que andamos pela vida. Esse caminho conduz à quietude, na qual tudo o que é visível se dilui em aparências vazias. Da multiplicidade, leva de volta à unidade. No entanto, esse caminho exige uma preparação. É preciso trabalhar a alma de tal modo que ela seja capaz de manter a *unidade* sem se dispersar, porque o critério é este: quando um sábio da mais elevada categoria ouve a partir do *Tao*, permanece com ele; quando isso se dá com um sábio menos elevado, ele vacila: ora tem o *Tao*, ora o perde. Mas caso queira alcançar a entrada do santuário mais íntimo, será preciso ultrapassar essa vacilação. A primeira coisa é a unidade completa. Depois vem a flexibilidade das forças psíquicas. Nenhuma tensão deve permanecer assim como ela existe em estados forçados de unidade, porque a vivência deve surgir de modo totalmente simples e suave. As forças interiores devem começar a fluir e a vencer os obstáculos. É necessário chegarmos à condição de uma criança, que pode fazer todos os esforços sem se cansar, porque é relaxada e descontraída, não endurecida. Porém, essa liquefação interior não é uma distinção, mas um nível que tem como condição prévia a continuidade de concentração. A normalização é que não pode mais fracassar, porque se tornou constante. Só posteriormente é possível a introspecção, porque nesse momento o espelho da alma é limpo e tão dócil que não quer mais fixar nenhuma impressão, mas segue sem resistência os estímulos que assomam das profundezas. Temos agora a vivência de como se abrem e se fecham as portas do céu. Contemplamos o invisível, tocamos o impalpável. Estamos além da existência, estamos nas profundezas, junto às origens. Somos testemunha dos processos ocultos da vida e nos mantemos serenos e dóceis como a ave fêmea com o ovo, que encerra o segredo da vida. E o ovo se abre. Dá-se a união com o *Tao* final. O filho encontrou a mãe...

Agora surge a grande certeza que penetra tudo, o reconhecimento salvador da *unidade* sem-par.

Mas desse reconhecimento resulta a possibilidade de não quererrmos mais consolidar e separar os opostos em sua aparência, mas aceitá-los e reuni-los numa síntese mais elevada. Reconhecemos dentro de nós mesmos o masculino criador, mas também o feminino receptivo; reconhecemos a honra que temos e também se permanecemos voluntariamente na vergonha. Por isso, livramo-nos de todas as misérias pessoais e voltamos à simplicidade original. Quem reconhece desse modo a sua condição filial e conserva a sua mãe (a grande mãe do mundo, o *Tao*), não corre perigo em toda a vida. Quem se cala e cerra as suas portas não sofre a miséria durante toda a vida. Contempla o pequeno, conserva a flexibilidade e, por isso, mantém-se livre de todo sofrimento. Quem sabe preservar desse modo a sua vida também não teme o rinoceronte nem o tigre e é capaz de passar no meio de um exército, sem armadura nem armas. Isso porque não tem nenhum ponto mortal que possa ser ferido, já que nele nada há que oponha resistência.

A partir desse conhecimento, ele também ordenará a sua ação. Sempre efetivará o que ainda não é e ordenará o que ainda não entrou em confusão, porque justamente aí já estão as sementes que existem no invisível de que fala o *Livro das Mutações*. É preciso trabalhar sobre essas sementes para que o que nelas fora depositado possa se desenvolver com o crescimento, sem que ele próprio se esforce ou sem que haja interferência exterior. Essa influência orgânica das sementes é o modo decisivo de trabalhar de quem alcançou o *Tao*. O que for plantado desse modo não será arrancado. O bom caminhante não deixa rastros. O bom guardião não usa fechadura nem tranca. A verdade é que quem tenciona trabalhar sobre as sementes revela a sua força secreta no fato de deixar que as forças opostas se efetuem a princípio calmamente. Primeiro devemos deixar que se expanda completamente o que pretendemos comprimir. Só quando uma das forças se aproxima pela atuação do esgotamento, é que proporciona a oportunidade de ser facilmente superada.

É verdade que essas leis secretas contêm fórmulas que podem conduzir à magia negra e, de fato, elas foram utilizadas pelo taoismo mágico posterior, assim como pelo método japonês do jiu-jítsu e pelo taoismo governamental de Han-Fei-Tzu. Mas com Lao-Tzu é diferente. Ele percebe muito bem que tem diante de si o mecanismo da ação mágica, mas nele não existe nada para fazer uso mágico e unilateral desses conhecimentos, porque sua grandeza consiste em penetrar na unidade primordial da coesão do universo, em cujo silêncio já não há mais antagonismos que possam ser explorados.

É justamente essa a diferença entre o seu caminho e o caminho do conhecimento. O conhecimento vai cada vez mais longe no mundo; busca, explora, armazena cada vez mais fatos. No entanto, para atingir o *Tao* é necessário ir cada vez mais para o interior, até alcançar o ponto de unidade, onde a personalidade individualizada entra em contato com a totalidade cósmica. A partir desse ponto, abre-se a possibilidade da contemplação cósmica. Sem sair pela porta, pode-se conhecer o mundo. Sem olhar pela janela, pode-se contemplar o sentido do céu. O que está nesse ponto não caminha e, não obstante, chega ao fim; não olha para nada e, no entanto, tem certeza sobre tudo; não age e, contudo, leva tudo à realização.

Desse modo, o que tem *Tao* levará a sua vida como uma pessoa, mas o que é pessoal, a máscara do eu, não o enganará mais. Ele vai representar seu papel, como os outros, mas se manterá distante da agitação deles, porque se libertou da ilusão e aprecia nutrir-se unicamente da mãe.

IV. A Sabedoria da Vida

Seria agora o momento de falar da ética de Lao-Tzu; no entanto, a ética, no sentido de leis racionais e de legislação para a ação correta, não é encontrada no *Tao-Te King*. Ao contrário, ele se volta contra a moral e as virtudes por ela propaladas, assim como contra a cultura e os valores por ela cultivados. Para ele, a moral e a cultura são semelhantes. Cada cultura tem como base uma moral. Assim como a cultura, a moral também está se desviando do chão materno que é a naturalidade e, por isso, ele a condena. Essa condenação é feita de maneira aforística – de modo semelhante aos ataques que Nietzsche fez à moral – em frases muitas vezes paradoxais, de modo que não é muito fácil seguir o fio da meada a partir da perspectiva de Lao-Tzu, porque, como um Proteu, em constate transformação ele não se deixa captar grosseiramente. De suas palavras, pouquíssimas devem ser entendidas de modo literal e proclamadas como a sua convicção global.

Lao-Tzu não escreveu para os filisteus e até parecia que secretamente se divertia, quando os filisteus se riram dele a valer.

Ao tentar descobrir as razões que o levaram a condenar a moral do seu tempo, que tratava de determinar as ações dos homens, ao mesmo tempo damo-nos conta da revelação dos caminhos indicados por Lao-Tzu para a ação humana correta. Ele reconduz a ética do dever à natureza, o homem ao *Tao*, o artificial ao lógico e simples.

O que Lao-Tzu condena na moral é, essencialmente, o seu princípio formal de que a moralidade comanda e dá ordens. Ela precisa de leis e normas. Porém, com as leis e normas, obtemos justamente o contrário do esperado. Quanto mais leis são promulgadas, e quanto mais maçante se torna o dever, maior é o número de ladrões e assaltantes, porque é uma lei da natureza humana oferecer resistência a qualquer pressão. E a pressão moral é a pior. Então, a moral é o que há de mais pobre e falso em tudo o que se oferece ao homem como motivação. A moral luta com arma gasta e provoca o oposto do que pretende. Nessas circunstâncias, de nada adianta sacudir ameaçadoramente os braços e querer arrastar os homens pela força. À moral falta a graça da naturalidade.

Então, pode-se ver, assim, que a moral floresce sobretudo nos períodos de decadência. Quando o comportamento natural e bom entre os homens deixa de ser algo lógico, a moral faz a sua colheita. Quando os pais se desentendem, o dever filial e o amor serão as virtudes supremas; quando os governos entram em confusão e desordem, surgem então os fiéis servidores, porque só então essas coisas se tornam algo especial, que antes não eram notadas. Desse modo, a moral necessita sempre da imagem do seu oposto para poder luzir. Em circunstâncias excepcionais é que ela revela o seu verdadeiro brilho. Mas justamente por isso ela também condena a si mesma.

Porém, não é apenas ao princípio formal da lei que Lao-Tzu se opõe. Ele também ataca da mesma maneira o princípio do seu conteúdo, o ideal do bem e das virtudes. O bem não é absoluto, visto que é sempre uma das articulações de um par de opostos que se complementam. Assim como não há luz sem sombra, não há o bem sem o mal. Quando todos os homens afirmam o bem como bem, já está estabelecido desse modo o mal. Por isso o antagonismo entre o bem e o mal não é maior do que o que há entre a alegre afirmação "certamente" e a afirmação hesitante "provavelmente". A visão de Lao-Tzu situa-se decididamente além do bem e do mal. O absoluto encontra-se além dos antagonismos inerentes ao mundo, lá onde eles desembocam numa unidade superior.

Mas também não há concordância quanto ao que é o bem ou o mal. Eles diferem de acordo com o tempo e o lugar. Quanto a isso convém lembrar os relatos das conversações de Lao-Tzu com Confúcio, nos quais os ditos atribuídos a Lao-Tzu estão completamente inseridos na linha das exposições contidas no *Tao-Te King*. Nesses relatos, Lao-Tzu diz que a moral e os costumes seriam sempre simples remanescentes de tempos passados e que o espírito dos tempos seria algo em contínua transformação, algo singular que desaparece irremediavelmente assim que os soberanos criadores desses costumes estejam mortos e decompostos. Os costumes e as leis dos soberanos antigos não eram grandes por estarem em concordância, mas pelo fato de terem conseguido estabelecer a ordem, assim como frutas diferentes têm sabores muito distintos e, no entanto, todas podem ser gostosas. Assim, os costumes e as leis precisam ser adaptados e modificados de acordo com os tempos. Não existe nada que seja bom em todos os tempos e lugares. Por isso, a moral é algo condicionado e nada tem de absoluto.

No entanto, a maior falha da moral torna o homem por demais consciente e adaptável. Isso porque é algo que lhe tira a inocência e a simplicidade. Lao-Tzu é da opinião de que há toda uma escala de agravações: quem ama a vida não age e não tem objetivos ou metas. Quem ama a justiça age e tem objetivos. Quem ama a moral age e, quando não é correspondido, agita os braços encolerizado e arrasta o outro à força. Logo, a moral é o empobrecimento da fidelidade e da fé e o início da confusão, sendo a premeditação, a falsa aparência do sentido e o começo da insensatez. Assim, a moral – e, do mesmo modo, a cultura – é um fenômeno de decadência, um desvio da vida genuinamente lógica da natureza.

Ela também torna o homem desnaturado e afetado. A qualquer custo, ele tem de reprimir-se duramente e não pode gozar a vida. Está sempre tenso, como se estivesse na ponta dos pés. Desse modo ele não progride. Quanto maior a presunção de um homem, tanto mais nauseante é a sua hipocrisia. Para o *Tao*, ele é como restos de comida ou uma ferida purulenta, e todas as criaturas o odeiam.

Por fim, para a maioria dos homens, a moral é apenas um meio de brilhar pela exaltação de seu próprio valor. O que todos veneram, o que a massa acha que é bom, não pode ser deixado impunemente de lado. Todos os homens da massa se consideram tão inteligentes e sábios, e se sentem tão orgulhosos dentro da pobre capa da sua moral, que não lhes resta mais que o desprezo e a condenação devida aos profanos.

Com Lao-Tzu, temos um ponto de mutação na história do pensamento chinês. Ele dissolveu a lei e, desse modo, a ética foi posta numa base totalmente nova. Confúcio adotou na sua totalidade o principal ponto da visão de LaoTzu. A não ação e o não agir por meio de leis e ordens são também o seu ideal. Também para ele o natural e o instintivo são o que há de mais elevado. Mas ele usa um método diferente. Em seu sistema, as diversas noções têm uma posição diferente. O costume, desprezado por Lao-Tzu por ser uma casca exterior, representa para Confúcio um meio que, pela força suave da tradição, da opinião pública e da moda, permite orientar o indivíduo para o bem, indicando-lhe uma posição sensata na relação do organismo humano. De modo que também Confúcio atribui um elevado valor ao natural, mas para ele esse não é o oposto, mas tão somente a complementação harmônica do que é humano. Natureza e cultura estão unidas. Lao--Tzu as separa. Se perguntarmos agora como o homem encontra a posição que lhe corresponde dentro da grande relação da natureza, chegaremos com Lao-Tzu a uma noção que faz parte dos conceitos básicos do *Tao-Te King*, embora ela esteja longe de ter o sentido da noção de *Tao*. É a noção de *Te*. Essa noção inicia a seção XXXVIII da segunda parte da obra de Lao-Tzu, que, por essa razão, recebeu o nome de *Tao-Te King*. Em Lao-Tzu, a palavra *Te* adquire também um significado totalmente distinto do habitual na língua chinesa. A palavra compõe-se dos sinais que indicam "reto" e "coração" e, originariamente, significava o que sai diretamente do coração, a força espontânea da vida. Nos comentários chineses, é definida como "o que os entes recebem para viver". Por isso, para Lao-Tzu, representa a vida em sua força espontânea, oriunda do *Tao*. No entanto, trata-se de uma restrição ao princípio universal do *Tao*; é o quinhão que dele recebe cada indivíduo. Seria possível comparar essa relação com determinadas especulações hindus sobre Brahma como essência universal e Atma como essência do ente individual, idêntico à essência universal. Enquanto para Lao-Tzu, essa palavra tem o sentido de algo absolutamente espontâneo, na língua chinesa posterior e, de modo geral, na linguagem não taoista, ela é usada num sentido muito mais abstrato. Significa a qualidade de algo que pode ser bom ou mal; depois, o caráter que pode ser desenvolvido pela cultura, e, finalmente, o bom caráter, o comportamento virtuoso, a virtude. *Tao* e *Te*, com o sentido de "caminho e virtude", serão usados mais tarde, com frequência, junto aos conceitos confucianos de "justiça e amor" (*Jen* e *I*). Não é necessário indicar, de modo especial, que a progressiva trivialização da palavra – que vai tão longe quanto a que ocorreu com a palavra alemã para "virtude" [*Tugend*] – não existe para Lao-Tzu. Por isso a traduzimos por *vida*.

É verdade que a vida, em seu fenômeno mais elevado, apresenta-se de modo pessoal, mas a personalidade é, por assim dizer, somente o recipiente, cujo conteúdo é o *Tao*. Por si mesma ela nada quer, nem conhece a si mesma: não age, não tem finalidades nem intenções e, justamente por isso, vive. Tão logo esse inconsciente seja perturbado, dá-se o primeiro passo e a descida gradativa até o amor fraternal que, na verdade, não tem objetivos nem desígnios e "nada quer", mas age efetivamente. O segundo passo é em direção à justiça, que age segundo o princípio do "eu dou para você para que você me dê" e, desse modo, tem intenções. A etapa final é a moral, que, não sendo correspondida, ameaça e obriga as pessoas. Os homens também correspondem a esses níveis. Os que estão embaixo mal sabem da existência dos que estão no alto; alguns dos próximos são amados, outros temidos, e ainda outros, odiados.

A vida não tem sequer necessidade de desejar aprovação, pois é inteiramente aceita por si mesma, porque gera, nutre, acrescenta, cultiva, aperfeiçoa, mantém e abriga todos os seres. Ela produz sem possuir, atua sem manter, promove sem dominar; nisso consiste o mistério da vida.

Essa vida está além dos antagonismos inerentes ao mundo fenomenal e os une. Na verdade, ela é forte e magnífica em si mesma, mas se mantém inteiramente quieta na fragilidade e humildade, sem tentar sair de onde está. É justamente no contraste entre o próprio tesouro e a roupagem pobre de quem o carrega que se baseia a liberdade do seu efeito. Isso porque, nessa condição, ele mantém concentrada a sua força, que se gastaria se fosse aplicada de modo unilateral. Essa força se renova sempre e, embora não ofereça resistência, ela é, no entanto, capaz de fazer sempre o que o momento exige. Aquele que tem assim a vida nas mãos é como uma criança que enfrenta os maiores perigos sem desconfiança e com segurança e faz os maiores esforços sem se cansar.

Por isso, quem tem essa vida não tem egoísmo, nada deseja para si, mas faz do coração das pessoas o seu coração. Em outras palavras: ele faz às pessoas não só o que ele quer que as pessoas façam a ele, mas o que as pessoas desejam que ele faça a elas. A sua vida é tão poderosa que todos os antagonismos terrenos desaparecem diante dele. Com os bons é bom, com os maus também é bom, porque a vida é bondade. Não há para ele pessoas perdidas. Para ele, os bons são importantes como instrutores e os maus para se instruir, de modo que algo pode ser feito com ambos e relacionar-se com cada qual em seu nível. É certo que a vida é aparentemente individual, porém não individualmente limitada. O que vive em mim vive também no outro. Assim, a partir da minha pessoa, da minha família, do meu lugar, do meu país e do meu reino, posso ver e compreender também o mundo dos outros. Essa visão que, a partir de si mesmo, extrai conclusões sobre os outros encontra-se também no confucionismo como um importante conceito básico. Todavia, Lao-Tzu vai ainda mais longe nesse ponto. Enquanto Confúcio considera que se responda à vida com vida e ao rancor com o equilíbrio, Lao-Tzu declara: "Retribua o rancor com a vida". Diz também os motivos: quando se compensa um grande rancor, resta ainda um pouco de ressentimento. Nesse momento, o peso da culpa se transfere do ombro do que ofende para o do ofendido, porque este tem a sua vingança. Por isso, o sábio que conhece a vida tomará sobre si total responsabilidade, não exercendo pressão sobre o outro. Naturalmente, é necessário ter força para isso. Só o que está relacionado com a vida tem ombros capazes de suportar sobre si toda a responsabilidade, sem exigir nada dos outros. O que não tem vida insiste nas aparências e, em todo caso, atribui aos outros a responsabilidade.

Com esse não lutar, a vida sempre ganha nova força, porque não consome nenhuma energia com coisas estranhas e perturbadoras.

Do não lutar faz parte o não agir. A vida cresce, mas não faz nada. O fazer, o influenciar conscientemente, o esforçar a vontade, ou como quer que se chamem os desejos provenientes do mundo das aparências, da superfície da consciência, descarregam apenas os breves estados de tensão. Quem tem diariamente dez propósitos e obtém os dez esgota-se com os detalhes do cotidiano e não tem profundidade. As energias cósmicas à disposição de cada homem são consumidas pelos insignificantes movimentos dos antagonismos passageiros, e o homem é arrastado pela torrente dos acontecimentos, que leva do nascimento para o fortalecimento e, a partir daí, para a rigidez e a morte. "Espernear, enrijecer-se e ficar prisioneiro da insignificância banal", eis o destino "dos que fazem". No entanto, a vida nada faz e coisa alguma fica sem ser feita. Ao afrouxar, ao deixar entrar e passar o fluxo do *Tao*, ele se desenvolve sem limites e penetra nas profundezas do mistério cósmico.

Isso acarreta uma tomada de posição bem definida em relação às coisas e aos acontecimentos. O homem torna-se discreto, mantém-se embaixo, é sóbrio, humilde, simples e modesto. Essa fraqueza e suavidade é a verdadeira força, porque é a qualidade total da vida. O duro e o rígido pertencem à morte; o suave e o fraco, à vida.

Por isso, Lao-Tzu se refere a três tesouros: "O primeiro chama-se bondade, o segundo moderação e o terceiro não ousar estar à frente do mundo, porque, pela bondade, podemos ser corajosos, pela moderação, generosos e, não ousando estar à frente do mundo, podemos ser o guia dos que estão preparados e são peritos".

Essa reserva e sobriedade na apresentação exterior estabelecem os limites que permitem que se poupe tempo e energia. Aquele que pratica a moderação não precisa esgotar-se desnecessariamente. Assim, sempre há tempo e energia à disposição para organizar em tempo os assuntos, quando as sementes dos acontecimentos ainda não se tornaram visíveis. Ele planeja o difícil para o momento em que ele ainda é fácil; atua sobre o que ainda não se apresentou. Esse atuar em tempo – o que, aliás, é algo que Confúcio e Lao-Tzu também têm em comum – é o segredo do êxito. Normalmente, os homens se intrometem nas coisas quando elas estão quase prontas e, desse modo, estragam tudo. Mas quem poupa energia e tempo acumula duplamente a vida e, por isso, não há nada que não possa estar à altura, e os homens ignoram os seus limites. É justamente por essa razão que ele atua sobre os homens e possui as energias de que eles necessitam, que os estimulam e os promovem.

O homem que desse modo está repleto das energias transcendentais da vida secreta é um sábio. A noção de homem sábio (*Chong Jen*) é uma noção partilhada por Lao-Tzu e Confúcio. Trata-se do homem cujo sentido está aberto para o evento cósmico e suas leis. A maneira como ele age está repleta de vivência das profundezas misteriosas de sua vida superconsciente. Essa vivência confere magia à palavra e até mesmo ao pensamento. Justamente por estar relacionado com o *Tao* do mundo, o sábio tem o poder de reformular o mundo. E por esse motivo ele é reservado em seu exterior. Esse é o segredo e a fonte oculta de onde fluem as energias sobrenaturais do ser.

A partir daí, a vida pessoal de Lao-Tzu torna-se também clara para nós. Por um lado, é um místico que dilatou o seu ser até o ser do mundo, que vivenciou a grande contemplação unitária. Dessa contemplação decorrem as suas palavras como formas movediças de nuvens, como o anel de nuvens que transportou Fausto por sobre os abismos, transformando-se ora em Helena, ora na figura ideal de Gretchen. No entanto, Lao-Tzu também é um mago. Como poucos, penetrou profundamente no interior das tramas das energias cósmicas e mostrou as regras segundo as quais essas forças estão disponíveis, ocasião em que aprendeu a renunciar ao eu, que correria os mais terríveis riscos sob essas forças quando elas fossem liberadas.

A ideia que se impõe – a de compará-lo a Fausto – é fecunda. Também no Fausto, após o início do falso caminho de querer apreender o inalcançável, o "não apreensível", e da catástrofe resultante disso, vemos o duplo caminho de ascensão: o da contemplação pura da beleza perceptível, o caminho para a afirmação deste mundo, e o caminho da ação que brota da experiência interior. Esses dois caminhos terminam num beco sem saída, mas mesmo em sua cegueira física, Fausto é um ponto seguro de visão do eterno feminino – que "nos alça às alturas", que nos leva ao mundo transcendental. Quando Fausto usa os poderes satânicos, as suas ações, rudes e temporais, são as do Titã do Ocidente. A ação transcendental de Lao-Tzu é a de alguém que imitou a natureza em suas ações secretas, é a de quem cria sem ferramentas: é a "ação" do Mago do Oriente.

V. Estado e Sociedade

Fazem parte dos pronunciamentos mais radicais de Lao-Tzu as seções que encerram sua crítica às condições políticas e sociais da sua época. Nessas seções, ele dá seguimento de maneira direta à tendência revolucionária dos séculos anteriores:

"O povo passa fome porque seus superiores cobram impostos demais; por isso, eles passam fome. O povo é difícil de ser governado porque seus superiores querem exigir demais; por isso, eles são difíceis de serem governados. O povo não leva a morte a sério, porque os seus superiores buscam uma vida demasiado opulenta; por isso, eles não levam a morte a sério."

Nessas palavras, complementadas por muitas outras, Lao-Tzu critica as condições governamentais e sociais da sua época. Quando é realmente assim, quando os homens só têm de esperar a morte, quer trabalhem pacificamente ou se dediquem a fomentar perigosas revoluções, não há dúvida de que não se importarão com mais nada e seguirão o caminho mais curto, segundo reza um livro de canções: "Se eu soubesse que teria de passar por isso, melhor seria que jamais tivesse nascido!".

A razão pela qual essas situações surgem no Estado, segundo Lao-Tzu, é o fato de o governo se intrometer demais nos assuntos dos cidadãos.

Quanto mais se evitam os fatos, tanto mais pobre se torna o povo; quanto mais leis e decretos são promulgados, tanto mais ladrões e assaltantes há. Todas essas intromissões do governo na vida privada dos indivíduos só podem ter como consequência inquietação e prejuízo. É inteiramente impossível que as condições possam ser melhoradas com a pressão e a violência. O povo torturado opõe resistência passiva à pressão e, por fim, se revolta. E é bem possível que, apesar de tudo, possa parecer que as coisas estão em pleno florescimento: as amplas estradas podem ser belas e planas, mas o povo anda pelos atalhos; a corte pode ser rica e suntuosa, mas, nos campos, cresce a erva daninha, e os silos estão vazios. As vestes das pessoas importantes são ricas e belas e cada um leva no cinto um punhal. Elas são descomedidas ao comer e ao beber. E predomina a ganância e não o *Tao*. No entanto, o contrassenso logo encontra forçosamente o seu fim.

Nessas circunstâncias, também nada se pode mudar pelo fato de alguns indivíduos, em tais épocas, se destacarem, desejando preservar a moral do povo, louvando as virtudes, se possível recompensando-as, ou dando preferência aos que são capazes, castigando com a prisão e a espada os que não pagam. Quanto mais se desencadear sobre o povo a espada do algoz, menos as pessoas se importarão com a morte e mais ousadas, pérfidas e desobedientes se tornarão. É mais certo que o Estado em que prevalecem tais condições também corra perigo.

É plenamente justificada essa crítica de Lao-Tzu. Confúcio tem exatamente a mesma visão. Para ele também é batalha perdida querer estabelecer a ordem mediante pressões e leis. Confúcio também é contra a mecanização da administração estatal e a intromissão nos assuntos privados. No entanto, há, na continuação do pensamento dos dois, diferenças características. Para Confúcio, a cultura é algo valioso em si. É necessário apenas mantê-la viva, reforçar as energias que sustentam e vivificam o organismo cultural e obstar as forças que a perturbam, mecanizam e exteriorizam, aniquilando-a. Por isso, Confúcio elabora um sistema de tensões e de relações. A moral deve assegurar como princípio da organização das classes o superior e o inferior. Mas essas relações devem se distribuir de tal modo que cada um seja, de algum modo, autoridade, de um lado, ainda que apenas no círculo familiar, enquanto, de outro, fique sujeito a uma autoridade acima de si. Daí a importância conferida à moral por Confúcio. Para ele as tensões dos relacionamentos são apenas uma fonte de energia para a ordem da sociedade. Os superiores têm, cada um deles, a responsabilidade maior e respondem pela influência que exercem pelo seu exemplo e maneira de ser. É preciso tornar possível essa influência; dela resulta a organização em classes, que precisa ser posta em execução. Daí a responsabilidade do líder.

Nesse particular, Lao-Tzu é bem mais radical. Para ele a cultura e o organismo estatal não têm valor próprio algum. São organizações que existem por causa dos homens. Funcionam melhor quando não se percebe nada de suas engrenagens. Quando um grande soberano sabe liderar, as pessoas mal percebem que ele existe. As obras e os trabalhos são realizados e todo mundo pensa: "Somos livres!".

Assim, a liberdade e a autonomia são os princípios fundamentais da organização estatal, no entender de Lao-Tzu. Deixar as pessoas "não agir", não se intrometer, não governar, eis a regra máxima. Porque, quando nada se faz, tudo caminha por si mesmo. Desse modo, o "não agir" é o princípio de Lao-Tzu. As reformas propostas por ele são, por ora, puramente negativas: livrarmo-nos decididamente de tudo o que é proclamado como moral e cultura, como santidade, conhecimento, moralidade, dever, arte e lucro, porque todas essas coisas não passam de meras aparências. São apenas nomes pronunciados e venerados, ordens que todos louvam, mas que não mais correspondem a realidade alguma. Assim, todo esse sistema de mentiras convencionais nada produz, senão o falso brilho que ilude a triste verdade.

Todo mal provém do crescimento sufocante do conhecimento; o conhecimento de nomes revela à mente coisas que não existem, despertando assim a ambição. Quanto maior a dificuldade de obter essas coisas imaginadas, tanto mais veemente se torna o desejo. Começa assim a luta, o furto, o roubo, o assassinato. É a fantasia que seduz os homens: as cores, os sons, os condimentos, os jogos, as preciosidades raras, todo esse brilho da aparência desvia o coração humano do que é profundo e real, e faz nascer a ilusão e o egoísmo.

Portanto, se quisermos realmente melhorar, deveremos diminuir a ilusão. Mas a ilusão do povo só pode ser eliminada quando os líderes derem o exemplo, não valorizando os bens difíceis de conseguir; quando eles mesmos forem humildes diante de suas necessidades; quando evitarem todo o fausto e vaidade; quando se colocarem modesta e serenamente entre as pessoas, ignorando o próprio ego e desaparecendo, por assim dizer, do pedestal, a fim de agir de maneira ainda mais unificada com as energias da natureza.

Quando, desse modo, os líderes abandonarem o que está distante e se dedicarem ao real e ao que está próximo, o povo será fácil de ser corrigido. No entanto, quando se tem a ambição do poder e da riqueza, logicamente será necessário dar ao povo esclarecimento e instrução; para tal, são todos os tipos de instrumentos e máquinas, para produzir os bens. A profusão desses bens deverá reverter em benefício dos superiores. Esses meios de progresso – máquinas e armas, que Lao-Tzu cita, considerados em conjunto, de "aparelhos afiados" – são, não obstante, fatores de desordem. Portanto, não se deveria usá-los. Regressar da civilização à natureza: o caminho apontado por Lao-Tzu não seria o esclarecimento do povo, mas a sua volta à simplicidade. Quando os desejos se manifestam e o conhecimento é ostentado, a simplicidade infinita deve abafá-los. E os que têm o conhecimento devem ser impedidos de se destacar.

Mas como complemento do idílio de um povo sereno e unido à natureza, é indispensável a assistência ao seu bem-estar. O povo se manterá por si mesmo afastado das ilusões e das fantasias quando suas condições reais forem satisfatórias. Assim, um sábio cuida para que o povo passe bem, sua alimentação seja boa e suficiente, sua habitação confortável e segura, sua vida serena e feliz. O sábio cuida do corpo do povo, para que tenha o indispensável e seus ossos sejam fortalecidos; só assim o seu coração, por si só, se esvazia, isto é, fica livre do desejo e da insatisfação.

Um grande reino deve ser dirigido do mesmo modo que fritamos peixes miúdos: não se deve raspá-los, sacudi-los nem queimá-los, mas manipulá-los de modo bem suave e calmo. Desse modo, os homens se ajustarão de novo ao estado pacífico da natureza, do qual foram arrancados pelas ilusões.

Nas épocas de confusão política e de efervescência social, essas ideias de Lao-Tzu sempre desempenharam um papel importante na vida espiritual chinesa. Desde que T'ao Yüan Ming, o poeta, escreveu o seu conto sobre a fonte das flores do pessegueiro, no qual projeta a utopia de um país que existia numa caverna da montanha, longe do mundo, e que permaneceu livre de todas as tempestades e penúrias do mundo, preservando sua quietude idílica (ver a última parte deste livro), esse país passou a ser, como indicativo, o lugar de saudade das épocas de selvageria.

Mas há aqui um ponto em que os ensinamentos de Lao-Tzu se defrontam com problemas mais graves. O retorno à natureza é, sem dúvida, muito impressionante como fantasia. No entanto, será isso possível alguma vez? Não há dúvida de que foi possível nos tempos de Lao-Tzu, quando a China era um país agrícola com população relativamente escassa. Naquela época, considerava-se que a felicidade de qualquer Estado era alcançada quando ele contava com uma população numerosa e conseguia atrair, graças às suas condições, o maior número de emigrantes dos Estados vizinhos. Porém, as coisas são muito diferentes quando o crescimento da população ultrapassa determinado ponto, exigindo a produção de meios de subsistência que não podem ser obtidos apenas com os modos primitivos da agricultura. Desconsiderando esse fato, nem o próprio Lao-Tzu pensaria em fazer o homem regressar à natureza a ponto de sobreviver como um animal. Mas ele queria colocá-lo num ambiente em que tivesse o domínio, podendo viver com tranquilidade, sem perder a quietude interior e a unicidade com as energias benéficas do absoluto para a busca do inatingível.

A partir daí, Lao-Tzu nos oferece perspectivas que podem ser aplicadas livremente em qualquer época e em todas as condições possíveis de produção. O fator decisivo é, sempre, que os homens dominem os meios de vida e não obstruam, por causa da sobrevivência, a fonte da vida. Assim, estaria absolutamente dentro do espírito de Lao-Tzu admitir uma cultura mecanizada, na qual as máquinas fossem manejadas com a mesma naturalidade com que, na Antiguidade, foram os instrumentos agrícolas, e que homens morassem em paz e segurança como senhores tranquilos das máquinas e não como se fossem escravos delas. Os aparelhos artificiais, que ele condena, são sempre exclusivamente os "aparelhos afiados", isto é, os que não são manejáveis de um modo que deixe o espírito inteiramente livre. É necessário fazer constar que esses pensamentos não foram enunciados por Lao-Tzu. Seu ideal era apenas a existência idílica da natureza primitiva. No entanto, esses pensamentos estão de acordo com o sentido apresentado por ele, porquanto faz parte de suas convicções que o ideal de uma época, não é, de modo algum, norma para outras épocas; cada período deve, no entanto, encontrar sua própria condição de equilíbrio, que melhor se adapte a ele.

É muito interessante a seção que trata das forças do além. Em consonância com o seu tempo, Lao-Tzu admite a existência dessas forças que, vindas do passado, como "almas-grupos", dominam e agitam os homens. Um governo justo tem o conhecimento para estabelecer a tranquilidade também em relação a isso. As almas dos mortos não perambulam por aí como espíritos, isto é, suas forças não prejudicam os homens, não os separam em facções; desse modo, desses remanescentes do passado não resultam lutas – religiosas ou políticas – e, assim, os homens podem olhar-se pacificamente.

Para Lao-Tzu, não menos importante que a organização da vida social é a formulação das relações políticas entre os diversos Estados. Do mesmo modo que Confúcio, Lao-Tzu é favorável a uma ordenação hierárquica dos organismos. Na *Grande Ciência* (*Ta Hsüo*), de Confúcio, esses organismos são: pessoa, família, Estado, humanidade. Lao-Tzu acrescenta mais um nível: pessoa, família, comunidade, Estado, humanidade. De modo que, também para ele, o Estado não é o ponto final, mas está necessariamente inserido na humanidade. Dentro da humanidade, os Estados se relacionam como os diversos membros no interior da família ou como as diferentes comunidades dentro do Estado. Para ele, isso resulta, logicamente, na condenação da guerra de agressão.

As armas mais belas são também instrumentos sinistros e não ferramentas para um nobre. Ele só as usa quando não há alternativa. O que há de mais sublime para ele é a serenidade e a paz. Ele triunfa, mas não se regozija com isso. Quem se regozijasse com isso iria, na verdade, alegrar-se com o assassinato de homens. Lao-Tzu lançou um olhar profundo na biologia da guerra. Ele sabe que a guerra não tem início com a sua declaração, nem acaba com o tratado de paz. Sabe que as guerras devem ser evitadas antes que comecem, não com armamentos bélicos, mas com a eliminação das suas eventuais causas; sabe, ainda, que se tem de arcar com as consequências mesmo depois da luta. Isso porque, onde há homens que guerreiam, crescem os espinhos e os cardos. Depois dos grandes exércitos, vêm inevitavelmente tempos ruins. Assim, havendo ordem no mundo, os cavalos de corrida são utilizados para puxar o esterco. Quando falta essa ordem, os cavalos usados na guerra são criados nos prados longe da capital. Lao-Tzu admite a guerra única e exclusivamente no caso de defesa contra um ataque hostil. E, mesmo nessa circunstância, trata-se apenas de buscar uma decisão e nada mais. Isso porque somente com essa restrição, que evita a inclinação do pêndulo para o outro lado, a paz pode ser instaurada. Às vezes, a estratégia de fazer a guerra corretamente, vencendo pela retirada, é usada por Lao-Tzu como parábola para as ações em outros domínios. Contudo, as indicações que dá, por meio dessas parábolas, foram ampliadas mais tarde num sistema de estratégia bélica, muito famoso na China.

Lao-Tzu vê no relacionamento correto entre os Estados a maneira de evitar a guerra. É fácil compreender que ele condena todos os desejos de conquista, porque qualquer conquista tem por base um engano fundamental, pois jamais um poder permanente foi criado pela conquista. O Estado existe, antes de tudo, apenas para que os homens, dentro dos seus limites, possam viver a sua vida. Daí decorrem as normas das relações internacionais. Segundo Lao-Tzu, há dois tipos de Estado: o feminino e o masculino. O primeiro é o silencioso, o "que se mantém embaixo" e é "saturado". Quando os Estados desse tipo compreendem corretamente sua missão, tornam-se pontos de convergência do mundo, pois o feminino triunfa sobre o masculino pela sua característica de silêncio. Naturalmente, o processo de assimilação depende também dos Estados masculinos, isto é, dos Estados pequenos e ativos. Para eles, é igualmente válido o princípio do cultivo apenas das necessidades reais, sem a fama ilusória e a mania jactanciosa de conquista. Eles necessitam de expansão, e esta se obtém pela adesão e união pacífica ou pela submissão bélica. No entanto, primeiramente, tudo depende do grande reino. Ele precisa "manter-se embaixo", ganhar a adesão dos Estados pequenos pelo fato de uni-los e alimentá-los. A China comprovou repetidamente algo dessa verdade ao longo da sua história. Até agora ela assimilou, devido ao seu tamanho e à sua tranquilidade, cada uma das tribos agressivas e conquistadoras que penetraram em sua periferia. As perspectivas oferecidas por Lao-Tzu são, naturalmente, muito diferentes das que se destacaram na história ocidental. No Ocidente, o nacionalismo e o imperialismo estabeleceram as notas-chave. No Oriente houve também, justamente na época de Lao-Tzu, um período como esse. O Estado de Ts'in Schï Huang Ti era o modelo dessa configuração política. No entanto, as ideias enunciadas por Lao-Tzu se aclimataram cada vez mais à política chinesa, de modo que atualmente a humanidade se encontra numa dupla condição espiritual. É interessante ver como, em nossos dias, a luta ideológica se esgota, quando o espírito do Ocidente bate às portas da China não mais exclusivamente pelo aspecto exterior, mas a própria China se converte num campo de batalha quando se enfrentam diferentes conceitos de vida.

VI. O Taoismo Segundo Lao-Tzu

A obra de Lao-Tzu exerceu uma influência indiscutível na filosofia chinesa e mesmo em toda a vida da China. No entanto, essa influência não se deu assim de uma vez, mas desenvolveu-se e aumentou gradativamente. Já nas palestras de Confúcio nos deparamos com a discussão de alguns pontos da visão de Lao-Tzu, em parte concordando, em parte modificando. Mong-Tzu, representante do confucionismo por volta da passagem do século IV para o III a.C., em parte alguma menciona o nome de Lao-Tzu, embora discuta criticamente com vários dos seguidores deste. Ele só aparece mais tarde, numa coletânea de anotações sobre os costumes da época de Han, que provêm naturalmente de fontes mais antigas e de períodos diferentes, Lao-Tzu é citado diversas vezes como o homem que Confúcio procurou para se aconselhar.

Apesar dessa modesta menção, podemos constatar como, ainda assim, os ensinamentos de Lao-Tzu exerceram progressiva influência na formação dos ensinamentos confucianos. Nas obras

Grande Ciência e *Medida e Meio*, que, segundo a tradição, são ambas da época anterior a Mong-Tzu, ainda que a moderna pesquisa chinesa as queira situar na época posterior a Mong-Tzu, encontra-se a base metafísica da estrutura social confuciana, que em muitos pontos deixa entrever um questionamento tácito com Lao-Tzu. No que se refere à literatura taoista, há obras de pretensos discípulos de Lao-Tzu e de Kuan Yin Hsi, o guardião do desfiladeiro de Hanku, de quem é dito, como já mencionamos, que Lao-Tzu lhe teria legado o *Tao-Te King*. Tais obras, no entanto, são quase certamente produtos de uma época posterior, assim como os muitos escritos, por exemplo, na forma de sutras budistas, que citam como autores Lao-Tsu ou Lao Kün ou T'ai Chang Lao Kun, conforme posteriormente foi denominado.

Em todo caso, parece certo que não devemos isolar Lao-Tzu. Ele faz parte dos sábios do ocultismo que representaram importante papel na história da vida de Confúcio, especialmente no fim desta. Conceitos como os de Lao-Tzu estavam amplamente difundidos naqueles círculos. Mas essas ideias não surgiram pela primeira vez nessa época. Elas constituíam ensinamentos secretos transmitidos desde tempos antigos, assim como a lenda posterior que venera o Imperador Amarelo (Huang Ti), como fundador da filosofia taoista. Já nos referimos também ao fato de que, no *Tao--Te King*, encontram-se citações desses aforismos mais antigos. De muitos desses sábios só nos foram transmitidos os nomes, como, por exemplo, o mestre Hu K'in Lin ou seu discípulo Po Hun Wu Jen. De outros, a lenda registra alguns traços. Foi o que ocorreu especialmente com Liä Yü K'on, de quem se conservou uma obra em oito volumes com o título de *Liä Dsi*. Ele também é citado especialmente pelo filósofo Chuang-Tzu (c. 335-275 a.c.), não como uma figura lendária, mas como personalidade real, de que, na verdade, a lenda já havia se apoderado de tal maneira que lhe atribuía miraculosas forças sobrenaturais.

Seria interessante se, na obra de Liä Dsi, tivéssemos diante de nós um escrito autêntico do século V ou IV a.C. Porém, não é esse o caso. Para a redação do livro, não podemos ir além do século IV d.C. Logicamente, o livro contém como base material mais antigo. Em Liä Dsi, o desenvolvimento da doutrina obedece ao sentido dos problemas do *Tao-Te King*, elaborados de maneira mais metafísica. O pensamento ocupa-se das antinomias de espaço e tempo, do problema do desenvolvimento dos diferentes tipos de seres vivos e de muitas outras questões. Nele o naturalismo é ainda mais forte e unilateralmente acentuado do que no *Tao-Te King*. O *Tao* passa a ser cada vez mais uma substância metafísica que causa toda a existência e a não existência e se projeta nas formas sem jamais manifestar-se. Sua característica está no fato de se contarem sobre ele muitas histórias na forma de parábolas, as quais, em parte, divulgam o milagre que a força de uma prática de yoga orientada para a unificação deveria demonstrar. Desse modo, encontramos em Liä Dsi, ao lado do místico, o desenvolvimento do elemento mágico.

No entanto, outra personalidade histórica é Yang Tchu. Na época do confuciano Mong-Tzu, seus ensinamentos já haviam

alcançado um círculo tão grande de discípulos e fiéis que Mong-
-Tzu o incluía entre seus principais adversários. Ele atacou Yang
Chu por causa das suas opiniões egoístas, que pareciam rejeitar
e dissolver todas as relações estatais. Yang Chu não sacrificaria
um fio de cabelo para ser útil ao mundo; isso demonstrava o seu
egoísmo, tornando impossível qualquer tipo de vida comunitária
entre os homens. Mong-Tzu não nos ensinou qual a verdadeira
atração de ensinamentos de Yang Chu, pois tinha tantos partidários como Confúcio ou Mo Ti – terceiro grande filósofo do século
VI ao lado de Lao-Tzu e Confúcio. No entanto, no livro de Liä
Dsi, encontramos uma apresentação dos ensinamentos de Yang
Chu, que complementa muito bem o que nos é dado pelo seu
adversário Mong-Tzu. Por meio dele sabemos que Yang Chu foi
discípulo de Lao-Tzu, cujos ensinamentos de fato não com-
preendeu plenamente, razão pela qual os desenvolveu de modo
unilateral. Nesse sentido, Lao-Tzu padeceu do mesmo mal que
Confúcio. Assim como os ensinamentos de Confúcio se transfor-
maram, no principal ramo de sua escola, em ritualismos unilate-
rais mais ou menos mesquinhos, os ensinamentos de Lao-Tzu se
converteram, em Yang Chu, num naturalismo unilateral e, desse
modo, limitado. É relatado, no Chuang-Tzu, como certa vez Yang
Chu procura instrução com Lao-Tzu (livro VII, 4). Ele indaga se
um homem trabalhador e forte, com um raciocínio que tudo
penetra, uma clareza onipresente e incansável na busca do
Tao, poderia ser posto em termos de igualdade com os reis sábios da Antiguidade. Lao-Tzu o repele com muita dureza e

depois prossegue: "A atuação dos reis sábios foi tal que suas obras preencheram todo o mundo, mas não pareciam ter saído deles. Eles moldavam todos os seres e os presenteavam, e as pessoas de nada sabiam. Os nomes dos sábios não foram mencionados, mas satisfizeram a todos intimamente. Eles eram incomensuráveis e caminhavam na não existência".

Vemos assim que Yang Chu foi discípulo de Lao-Tzu, mas também, em sua orientação, principalmente intelectual, ele representa um desvio da verdadeira perspectiva de Lao-Tzu. Essa maneira de ver se coaduna muito bem com as histórias e palestras relacionadas com ele no sétimo livro de Liä Dsi. Estas o mostram também como um pensador arguto e apressado que elabora, que sabe dar contornos aos conceitos de Lao-Tzu sobre o "deixar ir", o "não agir"; enfim, sobre a harmoniosa adaptação do homem na sua relação com a natureza. Porém, falta-lhe o tom bondoso e amplo de Lao-Tzu; por tudo isso, transmite uma impressão exagerada. Toda atividade é rejeitada e um fatalismo pessimista inunda toda a vida com a sua barrela. É como o sabor amargo que permanece no cálice após ter-se tomado a poção aromatizada. Mas tudo isso é tão fútil! Bem e mal são completamente indiferentes, do mesmo modo que todas as outras diferenças entre os homens. Para ele é lógico que toda cultura, dessa perspectiva, é algo ridículo, e qualquer tentativa de organização estatal ou até de participação na vida pública é de antemão contestada. Tudo o que resta nele do rico universo de Lao-Tzu é o egoísmo, o fatalismo e o pessimismo. No entanto, é compreensível que justamente o radicalismo e a frivolidade de seus conceitos tenham encontrado ressonância numa sociedade em decadência e que passassem a ser moda. Yang Chu, graças à sua defesa da liberação de todos os laços, produziu, com toda a certeza, o efeito de um fermento dissolvente no pensamento chinês daqueles séculos. Compreende-se que Mong-Tzu tenha visto nesses conceitos um veneno peçonhento que devia ser eliminado, caso não se quisesse assistir à ruína da humanidade.

Quem traduziu completamente os ensinamentos de Lao-Tzu para a filosofia chinesa foi Chuang-Tzu, contemporâneo mais jovem de Mong-Tzu. Ele é um fenômeno fulgurante na vida espiritual chinesa. É o poeta entre os filósofos chineses do século IV a.C. e influenciou, de fato, a poesia posterior do sul da China, tanto quanto a filosofia que veio depois. Da sua vida pouco se sabe. Os poucos traços biográficos que se pode coligir em suas obras mal dão para certificar que levou uma vida acentuadamente dedicada à interiorização, em condições de aparente pobreza. Recusou efetivamente todos os convites de príncipes para ser conselheiro em suas cortes e barrou com bastante rudeza os mensageiros que lhe traziam essa proposta. Por outro lado, também não se havia retirado do mundo, mas vivia sofrivelmente como chefe de família, não sem passar às vezes por dificuldades financeiras. Apesar de tudo, mantinha sempre relações com as correntes espiritualistas do seu tempo. Manteve contato com a escola de Confúcio; na verdade, não seguia o ramo ortodoxo, mas uma linha que contribuiu para a tradição confuciana. Venerava o mestre, do mais íntimo de si mesmo, sobretudo após a grande mutação que Confúcio sofreu aos 60 anos. Foi por meio de Chuang-Tzu que chegamos a conhecer alguns dados muito importantes sobre essa mudança na orientação espiritual de Confúcio. Além desse relacionamento, houve também a amizade com o filósofo Hui-Tzu, que conquistara certo renome como moralista e político. Hui-Tzu, ao que parece, era muito íntimo da escola chinesa central dos chamados sofistas. Lamentavelmente, dos seus numerosos escritos, nada de importante foi preservado. Mas é por meio de Chuang-Tzu que chegamos a saber alguma coisa sobre as suas visões. Ao que parece, ele se deteve sobretudo nas distinções lógicas. Chuang-Tzu disputa com ele de maneira frequente, provavelmente mais pelo exercício da conversação do que pela esperança de convencê-lo.

Muito acima de todas essas relações – que, naturalmente, não deixavam de influenciar o pensamento de Chuang-Tzu – se destacam as influências que recebeu de Lao-Tzu. Chuang-Tzu nos oferece não só uma sabedoria taoista de vida, mas uma verdadeira filosofia taoista. Seus fundamentos filosóficos estão contidos na chamada seção interna dos primeiros sete livros. Todo o restante é de anexos e suplementos. O primeiro livro intitula-se *Caminhar com vagar*. É a exposição do todo. A vida terrena, com seus destinos e influências, é comparada a uma pequena codorna que voa pelos arbustos, enquanto a vida, cheia de um vagar feliz, está livre de todas as mesquinharias. Ele a compara com o gigantesco pássaro P'ong, cujas asas, semelhantes a nuvens, atravessam o céu quando ele se ergue para voar do mar do sul para o do norte. De importância especial é o segundo livro: *Da compensação das ideologias*. Nele é dada a solução às questões filosóficas contemporâneas da perspectiva taoista. Trata-se de uma época de luta entre as ideologias. A velha ideologia de fundo religioso havia muito sucumbira. Em seu lugar, surgiram as concepções mais diversas e muitas vezes diametralmente opostas, que se combatiam dialeticamente. Com base no *Tao-Te King*, Chuang-Tzu reconheceu os limites condicionados de todas essas ideologias antagônicas, batalhas de lógica contra lógica. Como nenhum dos lados podia provar que estava certo, Chuang-Tzu encontrou a saída da disputa na intuição que atinge o ponto de vista da contemplação unitária do ser. O livro citado começa com a grande rapsódia executada pelo órgão celeste e termina com a enigmática parábola do sonho da borboleta, na qual a vida e o sonho são duas esferas justapostas; ninguém pode dizer qual delas é real e qual é irreal.

No terceiro livro vem a aplicação prática desse conhecimento. Trata-se de achar o senhor da vida e não de almejar alguma situação individual especial, mas de seguir os canais principais da vida e aceitar a situação externa em que nos encontramos, porque não é a mudança das condições externas que pode nos salvar, mas uma atitude nova a partir do *Tao* dentro das respectivas condições da vida. Dessa maneira, tem-se acesso ao mundo que se situa além das diferenças.

No quarto livro, a cena leva da vida individual para o mundo dos homens. Mostra o modo como se pode atuar nele. Também nesse caso trata-se de manter a perspectiva global e de não se prender a nenhuma particularidade. É verdade que a particularidade resulta em utilidade, mas esta é motivo para o homem ser usado. Ele pode ser apanhado na teia do mundo dos fenômenos, como uma peça da grande máquina social e, desse modo, transforma-se num "profissional" e "perito", enquanto o "inútil", que está além dos antagonismos, salva a sua vida justamente por isso.

O quinto livro trata do "selo da vida plena". Mediante parábolas diversas, revela como o contato interior com o *Tao* – que dá a verdadeira vida desinteressada – exerce uma influência interior sobre os homens, em face da qual é necessário que toda insuficiência aparente desapareça. São histórias de aleijados e de homens terrivelmente feios, por meio das quais essa verdade se manifesta de maneira mais clara justamente devido ao paradoxo da condição exterior. Com essa verdade, acentua-se ainda mais o antagonismo entre a joia interior e a roupagem "rústica" da aparência exterior. Tem-se aí um aspecto que conferiu ao taoismo, também em seu período posterior, algo de paradoxal. Até surgir a literatura dos contos de fadas, podemos compreender como um mago todo-poderoso ou um deus-salvador aparece como um mendigo maltrapilho, sujo e decaído, sentado numa esquina qualquer. Reconhece-se claramente que, nessa concepção, há algo aparentado com o "escândalo da cruz" cristã. Também no cristianismo, a mais extrema abnegação e a humilhação voluntária são indicadas como caminho para a elevação e a bem-aventurança. Contudo, há uma grande diferença entre essas duas concepções. No cristianismo, a auto-humilhação é proclamada como o caminho para a elevação. A bem-aventurança e a glória – então elementos do paradoxo – são uma intenção, um fim almejado, não sendo o sofrimento e a humilhação senão caminhos para alcançá-las. E não raramente se pensa que, durante essa curta temporalidade, o caminho do sofrimento seria o preço da obtenção da glória desmedida e ilimitada. A visão do taoismo é divergente; para ele, a humilhação e a fealdade não devem ser encaradas como sofrimento nem como uma situação inevitável; o homem, após ter atingido a perspectiva transcendente da contemplação do ser, está além de antagonismos como felicidade e infelicidade, ou como vida e morte, nenhum dos quais está próximo do *Tao*, porque esses antagonismos são elos de igual importância de um círculo de movimento eterno. Seria errôneo pretender eliminar para sempre um dos polos e eternizar o outro; isso por um lado seria impossível e, por outro, continuaria ainda ligado ao nosso mundo de fenômenos.

Quando Hui-Tzu perguntou a Chuang-Tzu se haveria realmente seres sem sentimentos humanos, este respondeu categoricamente que sim. Hui-Tzu replicou: "Mas um homem sem sentimentos não pode ser chamado de homem". Chuang-Tzu declarou: "Como o *Tao* eterno do céu lhe conferiu uma figura humana, ele deve ser chamado de homem". Retrucou Hui-Tzu: "Mas os sentimentos fazem parte do conceito do homem". Chuang-Tzu acrescentou: "Não são esses os sentimentos a que me refiro; quando me refiro a alguém sem sentimentos, quero expressar que esse homem não prejudica o seu ser interior com suas simpatias ou antipatias. Ele obedece em todas as coisas à natureza e não procura valorizar a própria vida".

Hui-Tzu disse: "Se não procura valorizar a sua vida, como é então que pode existir o seu ser?".

Ao que Chuang-Tzu respondeu: "O *Tao* eterno do céu deu a ele o corpo, e ele não prejudica o seu ser interior com inclinações e aversões. Mas vós ocupais o vosso espírito com coisas que estão fora dele e desperdiçais em vão as vossas forças vitais... O céu deu-vos o vosso corpo e nada sabeis fazer melhor do que repetir a lenga-lenga dos vossos sofismas" (Livro V, 6).

Dos livros mais importantes de Chuang-Tzu, faz parte o sexto, intitulado *O grande ancestral e mestre*. Essa obra trata do problema do homem que encontrou o acesso ao grande ancestral e mestre, o *Tao*. "Os homens verdadeiros não tiveram medo de estar sós. Não realizaram atos heroicos e nada planejaram. Assim, não tinham motivo para arrependimento ao falharem e nenhuma razão de orgulho no êxito. Desse modo, eram capazes de subir às alturas mais elevadas sem sentir vertigens; podiam atravessar a água sem se molhar, atravessar o fogo sem se queimar. Não tinham sonhos enquanto dormiam nem preocupações durante a vigília. Era simples o seu alimento e profunda a sua respiração. Não conheceram a alegria de viver nem a aversão da morte. Não se queixaram ao ter de sair da vida nem se rejubilaram ao entrar nela. Serenamente chegaram e serenamente partiram. Não se esqueceram de sua origem nem almejaram o seu fim. Estavam abertos para o que veio e, o que se foi deixaram passar sem pensar mais. A isso dá-se o nome de 'não limitar o *Tao* pelo consciente nem querer ajudar o celestial com o que é humano'".

Nesse sentido, as questões mais profundas de sofrimento e de morte são tratadas também com grande soberania.

O sétimo livro – *Para uso dos reis e príncipes* – é a conclusão, e trata do domínio pelo não domínio. "O homem mais elevado", reza ele, "serve-se do seu coração como se fosse um espelho. Não corre atrás das coisas nem vai ao encontro delas. Reflete-as, mas não as detém."

Em suma, Chuang-Tzu representa uma continuação do taoismo porque introduz, na solução das questões filosóficas da sua época, os métodos deste. Envolve os ensinamentos na luminosa roupagem da linguagem poética e formula parábolas bem alinhavadas em que cintila magicamente o indizível da concepção taoista. Põe a parábola ao lado do paradoxo, a fim de tornar acessível o inexplicável. Por isso, sobre o seu método, ele declara no prefácio:

Na maioria das vezes ofereço parábolas
e muitas palavras de preceitos antigos;
Todos os dias bebo água do poço,
para que a luz da eternidade possa se refletir nele.

Com relação à objetividade, podemos constatar facilmente que Chuang-Tzu se mantém diretamente na linha de Lao-Tzu.

Também ele vive nas profundezas do *Tao*; também para ele o mundo fenomênico é um sonho ilusório – tanto pode ser Chuang--Tzu ou uma borboleta – cada um tanto é vida de sonho quanto o outro. Também ele levou uma vida oculta, tanto quanto o seu mestre. Se teve discípulos, não sabemos. Ainda assim, parece que grande parte do que foi transmitido com o seu nome não provém dele próprio, de modo que deve ter-se constituído uma espécie de escola. Em todo caso, é evidente que exerceu enorme influência sobre a filosofia e a literatura. A prova disso é a existência da expressão usada com tanta frequência, "Lao Tzuang", combinação dos nomes Chuang-Tzu e Lao-Tzu, com que se designavam os conceitos taoistas, do mesmo modo que se demonstra a relação de Lao-Tzu com a Antiguidade pela expressão correspondente "Huang Lao", na qual "Huang" se refere a Huang Ti, o "Imperador Amarelo", venerado como patrono do taoismo, assim como Yaf e Chun são os patronos do confucionismo.

A influência de Chuang-Tzu se revela sobretudo na literatura do sul. A opinião que o mundo tem da filosofia da poesia de Ch'u que, como novo ramo artístico da região, enriqueceu a cultura chinesa, mostra nitidamente essa influência.

O taoismo teve um curioso desenvolvimento com Han Fei, príncipe da família soberana do Estado de Han, que, naquele tempo, estava justamente em grande perigo. Han Fei sugeriu ao seu governo um plano para a salvação do reino, mas não foi ouvido. Depois disso, foi para o Estado de Ts'in, no oeste, que começara, sob seu soberano Ts'in Chi Huang Ti – nome com que ficou posteriormente conhecido –, a conquistar o domínio de todo o reino pela aniquilação dos outros Estados. Em Ts'in, o todo-poderoso ministro, naquela época, era Li Sï. Ao lado de Li Sï, Han Fei havia frequentado a escola do confuciano Hsün King; dizia-se que era o mais importante dos dois amigos. Isso explica o fato de ser bem recebido pelo soberano de Ts'in, que já o conhecia pelo que escrevera. Parece, no entanto, que Li Sï cumpriu um papel pouco claro. Em todo caso, pouco depois de ter chegado, Han Fei foi atirado no cárcere por instigação de Li Sï, ou com o seu consentimento tácito. Ali ele se suicidou em 233 a.C., para fugir a um destino pior. No entanto, depois da sua morte, seus escritos gozaram de muita consideração em Ts'in.

Nessa época, as influências dos diversos centros culturais – o confucionismo no norte, o taoismo no sul e a escola de Mo Ti no centro – já haviam dado início a um intercâmbio mútuo. A coletânea *Lü Chi Ch'un Ts'in* (*Primavera e outono*), de Lü Bu We, revela de modo muito claro um novo tipo de ecletismo. Não se adotava mais a visão de uma das escolas em disputa, mas extraíam-se as ideias de uma e de outra daquelas escolas, que passavam a ser, naquele tempo, um patrimônio comum. Han Fei não era puramente eclético, mas tinha uma visão absolutamente unitária, apoiada no material ideológico de todas as escolas. Suas ideias fundamentais eram tiradas da estrutura ideológica dos estadistas da China central. Era a ideia de realizar a ordem e o governo do Estado mediante leis e medidas adequadas. Essa ideia opunha-se tanto ao confucionismo – que não queria a ordem por meio de leis corretas, mas de homens retos – quanto ao taoismo, para o qual o princípio mais sublime residia em não estabelecer ordem alguma. A ideia do fundamento legal do Estado veio de Mo Ti, mas era propriedade igualmente dos grandes estadistas daqueles tempos. Aliás, o modo como o confuciano Hsün King concebe a moral como princípio de ordem também se coaduna com essa ideia. Han Fei tomou emprestado do confucionismo o forte acento de autoridade e de direito do soberano, que ele leva ao extremo da monarquia absoluta, e a ideia da importância da utilização dos homens capazes. Não obstante, todos esses pensamentos estão envoltos em princípios taoistas. Isso também mostra que ele se ocupou expressamente em comentar e colecionar exemplos históricos relacionados com os ditos de Lao-Tzu.

Vimos que Lao-Tzu enfatizava a não ação como a melhor maneira de tudo estar sendo feito, e vimos como ressaltava que justamente os mais elevados e sábios soberanos souberam se manter tão discretos que o povo mal se dava conta da existência deles. Também Han Fei dava ênfase a essa não ação do soberano, mas dava-lhe um significado diferente. Para Lao-Tzu o não agir é o agir mais sublime, desde que, dessa maneira, a natureza do soberano entre em harmonia com as influências cósmicas e, assim, como que impelido por uma força elementar, ele atue completamente oculto. Só um homem de extraordinária grandeza e de amplo coração – aquele que ama o mundo no interior do seu eu – poderia, segundo Lao-Tzu, realizar esse tipo de administração por meio da não ação.

Segundo Han Fei, a questão se situa de modo muito diferente. Ele acredita que a não ação existe para comodidade e segurança do soberano. Para que ele precisaria fazer força? Bastaria escolher funcionários capazes e trabalhadores, que não deixariam de fazer todo o seu trabalho, permitindo-lhe usufruir em paz a felicidade de sua elevada posição sem ter de fazer nenhum esforço. "Ele é adepto do não fazer e nada fica sem ser feito." Ao que parece, isso está de pleno acordo com Lao-Tzu – mas trata-se apenas de aparência.

E há ainda mais. Não só é mais cômodo para o príncipe deixar que os funcionários trabalhem em seu lugar, é também mais seguro. Porque, quando alguma coisa não anda bem, a responsabilidade cabe aos que fizeram o serviço, e o monarca fica isento de culpa, podendo castigar os funcionários faltosos.

Diante de tudo isso, poder-se-ia indagar se tais explanações, que eliminam inteiramente o soberano da mecânica do governo, não teriam, afinal de contas, apenas o objetivo de cercar o soberano de um doce ócio, para que não pudesse perturbar os assuntos governamentais com a sua intromissão; no entanto, por outro lado percebe-se que Han Fei, bem ao estilo de Maquiavel, dá os seus conselhos exclusivamente aos soberanos. Esse fato resultava do seguinte princípio, defendido por ele: Lao-Tzu dissera que não se deve mostrar os instrumentos cortantes do reino ao povo, como tampouco se deve tirar o peixe das profundezas. Assim falando, queria dizer que as pessoas deveriam ser mantidas na simplicidade e na alegria, para que nelas não se despertassem os desejos e, desse modo, as manhas e perfídias viessem a perturbar a paz da grande simplicidade. Han Fei se apropria desse princípio, mas o transforma igualmente de um modo bem peculiar. De fato, o príncipe deveria manter seus funcionários sempre de prontidão, a fim de que cada qual cumprisse, com a maior perfeição possível, sua missão; mas os fios de comando ele deveria segurar nas mãos. Ele deveria ser misterioso e invisível como um deus, inesperado e repentino ao recompensar e ao castigar, incentivando desse modo a mentalidade útil aos seus objetivos. Assim, a recompensa e o castigo em suas mãos são sempre como fortes alavancas, que ele aciona quando servem aos seus propósitos, que jamais revela. O poder e o medo, resultantes da constante insegurança, são os meios que Han Fei aconselha aos príncipes. Vemos aqui as ideias de Lao-Tzu totalmente distorcidas num sistema de magia negra, o que se coaduna bem com suas visões a respeito da natureza humana. Para Lao-Tzu, a natureza humana, em sua origem, estava em harmonia com o universo e suas leis, e só o desejo era a fonte de todo o mal, mal este que era necessário sufocar. Para Han Fei, o desejo é o núcleo da natureza humana. Naturalmente, o desejo é um mal desde o início, mas, ainda assim, precisa ser cultivado, porque é a única alavanca que o soberano pode usar para forçar os homens a servi-lo. O homem que nada deseja e nada espera é imprestável para o serviço do soberano, e até mesmo perigoso; um homem assim deve ser eliminado. Dos outros, é preciso desconfiar bastante. Um príncipe jamais deve confiar em seus funcionários, porque, secretamente, eles são seus inimigos. Só pelo fato de mantê-los, pela constante insegurança, dentro de limites, é que ele os tem à sua disposição para servi-lo. Mas também não pode confiar na esposa e no filho, senão eles serão apenas os instrumentos de que os funcionários se servirão para a consecução de seus objetivos. A confiança é a raiz de todo mal. Deve-se amar os homens, antes de tudo, apenas como instrumentos. Ama-se um cavalo porque ele corre bem; um rei ama seus súditos porque lutam para ele; ama-se um médico porque sabe curar e estancar o sangue. Deve-se ser cauteloso no amor: um fabricante de veículos deseja que os homens sejam ricos e nobres, não por eles próprios, mas porque, de outro modo, não conseguiria se livrar dos veículos que faz. Um agente funerário deseja que os homens morram, não porque os odeie, mas porque, do contrário, ninguém contrataria os seus serviços. Assim, o soberano deve também lembrar-se sempre de que os seus sucessores precisam desejar a sua morte, não porque o odeiem, mas porque tiram vantagem dela. Por isso, precisa estar permanentemente de sobreaviso contra os homens que obteriam vantagens com a sua morte.

Han Fei aplica esses princípios em todas as condições de governo com a máxima frieza. Daí deduz uma política absolutamente tirânica. Não há princípios sólidos, mas deve-se aplicar o que todas as vezes for útil ao príncipe; o oportunismo desumano é o único princípio digno de um soberano livre de preconceitos. As leis devem ser rígidas e funcionar com a segurança mecânica das forças naturais. Só assim o soberano permanecerá acima de toda responsabilidade, porque não é ele quem mata os homens, mas eles é que matam a si mesmos quando caem sob as rodas do automatismo da máquina punitiva. Excetuado o soberano, não deverá haver ninguém no Estado que seja livre; toda a vida é limitada pela barreira das leis. Não só os atos, mas igualmente nem as conversas nem os pensamentos deverão ser livres. O soberano só poderá estar em segurança quanto aos seus súditos quando as inclinações e opiniões deles estejam também em consonância com os seus objetivos. Por isso, todo amor e misericórdia da parte do soberano também é condenável, porque dessa maneira se introduz no governo um motivo que não é compatível com o seu mecanismo. Só quando esse mecanismo não tem lacunas é que ele é realmente eficaz.

É estranho o que Han Fei fez do taoismo, embora se possa ver que todas as suas deduções, ponto por ponto, podem ser tiradas, de maneira estritamente lógica, das palavras de Lao-Tzu. Han Fei foi um pensador ousado, que não se deixou perturbar por nenhuma consideração de bondade ou comoção cordial na estrutura maquinal de seus pensamentos. Como já dissemos, ele tem, em comum com Maquiavel, essa coerência rígida de princípios. No entanto, é significativo que esse defensor e instrutor dos tiranos do mundo tenha morrido no cárcere por intermédio do seu melhor discípulo, Ts'in Chi Huang Ti, e que seu amigo e confrade Li Sï lhe tenha proporcionado a morte, não por ser mais bondoso do que ele, mas porque era da opinião que, como servo único de seu senhor, poderia pôr melhor em prática esses princípios do que um companheiro tão competente; porém, muito pouco tempo depois, o filho do soberano que ele fizera governante do mundo mandou esquartejá-lo por gratidão aos serviços prestados.

Vê-se, por esse exemplo, como eram as condições da China na época em que a cultura antiga sofreu um declínio. O belo mundo livre, com o alto céu e a esfera serena e pacífica do *Tao* eterno que Lao-Tzu tinha revelado à visão encantada, transformou-se num turvo inferno onde dançavam todos os demônios. Os ensinamentos de Han Fei se relacionavam com o taoismo de Lao-Tzu do mesmo modo que os autos de fé espanhóis e os processos medievais de feitiçaria com os suaves ensinamentos do Nazareno, em cujo nome eram feitos.

Depois de Han Fei, encontramos, mais uma vez, uma enciclopédia dos ensinamentos taoistas nas obras conhecidas sob o nome de *Huai-nan Tzu*. Elas remontam a Liu An, neto do imperador Wu Ti, da dinastia Han. Liu An, que fora nomeado príncipe do distrito de Huai-nan, era muito dedicado ao taoismo e congregou em sua corte grande número de eruditos e magos que organizaram uma coletânea sobre a ciência taoista, intitulada inicialmente *Hung Liä Chuan* [Anotações sobre a grande clareza] e, mais tarde, *Huai-nan Tzu*. Depois de gastar sua fortuna com experiências alquímicas, envolveu-se em intrigas políticas que lhe deveriam dar a sucessão como imperador do reino. No entanto, tendo sido descoberta a conspiração, o príncipe suicidou-se em 122 a.C. Escritores taoistas posteriores afirmam, no entanto, que o seu desaparecimento do mundo deveria ser atribuído ao fato de ele ter conseguido entrar na esfera dos imortais.

Seus ensinamentos mostram como a unificação do pensamento da escola do norte com o da escola do sul havia progredido, nesse meio-tempo, e como as ondas – às vezes muito altas – da escola do centro, que deram força aos conceitos de Han Fei, haviam, entrementes, se esgotado. Todos aqueles métodos astuciosos, de escravização dos homens e de dar poder ao tirano, não só se tornaram a ruína de seus autores, mas a obra que estes realizaram, levando a estirpe de Ts'in ao domínio mundial, também desmoronou após uma existência curta e junto com ela toda a velha cultura chinesa. Ele tinha ultrapassado o limite de suas forças. Nesse meio-tempo, assomou a dinastia Han, que, de início, cultivou plenamente a superstição da religião popular antes de descobrir no confucionismo um esteio mais útil para a organização do Estado, desse modo colocando-o, durante milênios, na posição que depois ocupou, não sem grandes oscilações e graves crises.

Na sua coletânea, Huai-nan Tzu faz uma interessantíssima tentativa de unir o taoismo ao confucionismo. Ela também parte do *Tao*, que, pelo menos nominalmente, constitui a base tanto do confucionismo como do taoismo, ainda que, como já vimos, essa palavra tenha, nas duas escolas, significados um tanto diferentes. Em *Huai-nan Tzu*, encontramos hinos de glorificação da onipotência e onipresença do *Tao*, na forma como às vezes também aparecem em escritos taoistas anteriores. Não se pode ocultar que, nesses escritos, o *Tao* nem sempre atinge as culminâncias da concepção original. Em lugar de enfatizar a qualidade essencial inerente ao *Tao* de Lao-Tzu, ele enfatiza o aspecto quantitativo. Algumas das expressões sugerem que o *Tao* e o mundo de algum modo pertençam ao mesmo nível, e que este seria a alma onipresente do mundo, mas capaz de uma restrição mágica. O mundo fenomênico das diferenças individuais e o mundo além das aparências e diferenças individuais começam a se separar e a se converter no aquém e no além. Por isso, não é de admirar que se procurassem meios mágicos para passar do aquém para o além, ou para trazer o além para o aquém, obtendo desse modo a imortalidade, isto é, a ausência da morte do ponto de vista físico. Desejava-se perpetuar o fato de ter nascido e a vida no aquém, sem ter de pagar o preço da morte, da saída da vida dos fenômenos. Em lugar desse preço, apresenta-se a arte da magia. Nós nos ocuparemos ainda desse tema quando tratarmos do taoismo mágico. Por ora basta indicar as delicadas brechas na estrutura do pensamento sobre o tempo, por onde pode penetrar a neblina.

A influência da escola confuciana, como é demonstrada na metafísica das obras intituladas *Grande Ciência e Medida e meio*, revelam-se com clareza, em Huai-nan Tzu, pois ele usa a noção confuciana *Hsing* (natureza, ente) em lugar da noção *Te* (vida), que, em Lao-Tzu, significa o *Tao* tornado individual. A natureza do homem é como o *Tao*; originariamente, é calmo e puro, e só se torna turvo e inquieto ao se encontrar com os objetos, que geram os desejos e sentimentos. Quando pura, a natureza é una com o *Tao*. Essa natureza, pura em sua origem, reside no homem.

É certo que ela é encoberta e efêmera, tal como as nuvens cobrem as estrelas; ela pode oscilar, tal como o céu parece oscilar ao retumbar das ondas do mar; no entanto, assim como a estrela polar indica ao navegador o curso a ser seguido em meio à agitação das ondas, também a natureza mais profunda do homem é a estrela-guia que o orienta durante a tempestade.

Para Huai-nan Tzu, o cultivo dessa natureza é muito simples. Como é originariamente boa, e apenas deteriorada pelas influências exteriores e pela reação a elas, basta eliminar essas influências externas e o homem se corrige por si mesmo. Mesmo assim, Huai-nan Tzu reconhece que o desejo é inerente à natureza humana e não pode ser eliminado inteiramente. O desejo, não ultrapassando a satisfação das necessidades naturais, não é prejudicial nem precisa ser combatido. Só é um mal e deve ser eliminado quando persegue fantasmas e arrasta o homem para "fora de si". No entanto, como o bem está fundamentado na natureza humana, o homem não necessita da ação e do esforço para tornar-se bom; apenas tem de ouvir a voz interior. Assim, é fácil fazer o que é bom, porque é natural; já o mau é difícil, por ser contrário à natureza, e por induzir o homem a inverter sua própria natureza.

Dentro do possível, é preciso eliminar as diferenças existentes entre os homens, no que se refere às posses e aos prazeres, para que não nasçam desejos desmedidos que levam ao mal. Isso porque, se os homens não virem nada mais de desejável em poder dos outros, não se deixarão arrastar para a inveja e a briga. O ideal da humanidade será então constituído da simplicidade, a fim de que o contentamento geral seja a causa da felicidade total da sociedade.

Na elaboração de uma obra como essa, não é de admirar que se encontrem contradições. A hipótese de que o bem é logicamente inerente à natureza e de que a solução está em libertá-la por meio da educação e da formação cultural, se contrapõe a outra opinião de que o bem e o mal são disposições naturais que, por destino, são próprias do homem. Há homens bons, nobres por si mesmos, que nem sequer podem ser diferentes. Não precisam aprender e treinar, pois essa disposição está embutida em sua natureza original. E há outros que, apesar de toda educação e esforços, não podem ser melhorados, porque o mal está em sua natureza. Esses talentos, se comparados, são como um rosto belo ou feio, que não pode ser totalmente mudado, seja qual for o adorno nele aplicado. Segundo essa opinião, a influência da educação e da cultura abrange somente a grande massa dos medíocres, que possuem em si inclinações para ambos os lados. Essa contradição entre a necessidade (destino) e a liberdade é algo que, na verdade, é muito difícil de ser superada, se possível. Também Confúcio certa vez disse não ser possível modificar os santos mais elevados nem os maiores tolos, apesar da sua opinião de que os homens, por natureza, se assemelham e se diferenciam entre eles apenas pelos hábitos.

Resumindo, é preciso dizer que em Huai-nan Tzu mal se vislumbram indícios de uma formação autônoma do pensamento, mas apesar de tudo sua obra eclética tem méritos, pela maneira hábil com que empreende a tarefa de organizar as diversas tendências da época anterior num sistema homogeneamente cerrado, e de destacar o bem onde quer que se encontre. E, acima de tudo, paira uma atmosfera de suave bondade, de que, sem dúvida, dá testemunho a personalidade do próprio príncipe que encarregou seus eruditos de compilar essa obra.

Com as obras de Huai-nan Tzu, chegamos ao fim do que se pode chamar literatura filosófica criativa do taoismo. Não há dúvida de que ele também exerceu influência na filosofia de outras escolas, assim como encontramos, a partir de Chuang-Tzu, as influências confucianas no taoismo. Os filósofos confucianos, que se apoiam também nos ensinamentos taoistas são, por exemplo, Chung Chu e Yang Hsiung, e o cético e materialista Wang Ch'ung.

A influência que o taoismo exerceu em poetas da escola confuciana é verificável até hoje e, em especial, em períodos politicamente agitados levou os mais inteligentes estadistas da arena da luta cotidiana para a quietude das montanhas ou das praias do grande mar. Mas a tendência para a magia religiosa do taoismo foi mais influente ainda e encontrou acolhida no pensamento popular.

A filosofia clássica chinesa distingue-se pela notória ausência de superstição. Não há literatura clássica dessa época que aborde, de modo sereno e soberano, essas profundezas da psique. No entanto, seria errôneo supor ter faltado ao povo chinês o interesse por essa área da psique. Ela continuou a existir ao lado e sob as culminâncias da filosofia, o que é o caso sempre, quando o pensamento de alguns se eleva às alturas mais puras. O fato de essas camadas profundas da psique terem vindo novamente à tona teve relação com os tempos agitados do fim do período clássico e com o desmoronamento da cultura antiga.

Anteriormente, as condições foram assinaladas por diversas circunstâncias. No confucionismo, a corrente espiritual do norte, desde o início, deu ênfase ao culto dos ancestrais. Quanto a isso, o próprio Confúcio não tinha quaisquer superstições. O culto dos ancestrais era para ele apenas a forma religiosa da realização do dever ético do amor filial após a morte dos pais. Intencionalmente, ele jamais se questionou de maneira clara sobre se os mortos têm ou não consciência. No entanto, era compreensível que essa preocupação com a morte e os ritos fúnebres e os cultos aos ancestrais produzissem alguns efeitos. A crença nos fantasmas, que originariamente nada tinha a ver com o culto dos ancestrais, encontrou nesse culto pelo menos um ponto de apoio; desenvolveu-se assim, ao longo dos tempos, na crença popular, uma vasta hierarquia de deuses e de demônios dos mais variados, sendo todos eles de algum modo relacionados com as almas dos falecidos. A doutrina de Mo Ti – orientada anteriormente de maneira tão racional e utilitária – ajudou, com o seu resoluto teísmo e a sua ênfase na crença em seres superiores, a fortalecer mais ainda essa tendência. Os céticos de cultura refinada e os materialistas resolutos não conseguiram impor-se. Os deuses e os demônios entraram novamente em jogo.

Mas a corrente do pensamento chinês do sul proporcionava também certos pontos de apoio a esse novo tipo de espírito. Já em Chuang-Tzu encontramos muitas parábolas de adeptos e "homens verdadeiros", todos se apresentando, de algum modo, como magos "que não se afogam até mesmo quando as águas se elevam até o céu e que não se queimam nem mesmo no fogo que derrete metais e as pedras". Naquele tempo, nos círculos taoistas, desenvolveu-se a crença de que seria possível – durante a vida, com o corpo físico intacto – escapar à corrente de morte e renascimento e elevar-se, como gênio beato, à vida eterna. Percebe-se claramente que, em Chuang-Tzu, isso se relaciona com vivências místicas de uma prática sublime de yoga, na qual "o coração permanece como cinza apagada e o corpo como madeira seca". Mas a tendência de enfeitar essas vivências paraintelectuais e de projetá-las no mundo cheio de cores dos contos de fadas da superstição, é muito fácil de compreender.

Além disso, acrescente-se ainda que uma nova filosofia – criada pelo erudito Zou Yan e sua escola – desenvolveu uma opinião dinâmica sobre a natureza, baseada nas forças dualistas da luz e da sombra – tiradas do *Livro das Mutações*, e dos cinco estados de transformação – o da água, do fogo, do metal, do reino vegetal e o da terra – tirados do *Livro dos Documentos*; criou uma concepção dinâmica da natureza, que abriu amplamente as portas para a crença dos milagres. Surgiram então as ideias alquímicas. Pretendia-se utilizar as miraculosas forças secretas da natureza para produzir a "pílula de ouro", o elixir da vida, que confere imortalidade ao corpo do homem.

Havia ainda motivos externos para a promoção dessas ideias. A cultura chinesa se expandiu a partir da região das águas do rio Amarelo. Nessa época, pela primeira vez ela penetrou na bacia de Yang-Tsé. Porém, encontrou ali, em lugar de uma tribo selvagem, uma cultura igualmente muito desenvolvida, embora de características bem diferentes. Nela havia sido preservada, antes de tudo, uma florescente mitologia, rica de ideias e imagens. Essa mitologia passou então a exercer forte influência, sobretudo na corrente sulista da filosofia chinesa. Chuang-Tzu já extraía dessa fonte grande parte do rico tesouro de suas fábulas. Vemos as figuras dessa mitologia levarem principalmente uma vida colorida nas elegias de Ch'u, que, a partir de então, penetra largamente na literatura chinesa. Mas com o avanço para o sul, chegou-se ao mesmo tempo ao mar. A antiga cultura chinesa é continental. Então, ela estabelece contato com a esfera marítima. Como em toda cultura desse tipo, surge então o mito do sol ao lado do mito do mar. Aparecem assim os "Contos das três Ilhas dos Bem-aventurados", ilhas que ficam em algum lugar do mar oriental, habitadas por espíritos bem-aventurados que se libertaram inteiramente da carga terrena.

É natural que o taoismo, de maneira espontânea já muito ligado ao sul, acolhesse muito solicitamente esses novos mitos, pois há nele uma série de tendências que iam ao encontro desses mitos. Já tivemos oportunidade de falar do pessimismo de Yang Chu e da fuga do mundo de Chuang-Tzu. Todas essas tendências constituem um ponto de apoio para imaginar um mundo além e melhor, em algum lugar perdido no espaço, para que os eleitos, fugindo da luta da vida, nele encontrassem a paz.

O motivo da prevalência dessa corrente no pensamento chinês foi, durante séculos, a nova religião, cultivada sobretudo por um grande número de príncipes dos séculos anteriores à era cristã. Os magos que possuíam todos esses segredos eram chamados Fang Chi, o que se pode traduzir por "feiticeiros". Eles eram muito bem-vistos nas cortes dos príncipes que, favoravelmente, teriam acrescentado ao seu poder terreno também a imortalidade. Mais de um desses príncipes morreram devido às estranhas misturas medicinais fabricadas por seus magos. É muito curioso que os dois monarcas mais poderosos do período de transição se tenham apegado do mesmo modo a esse taoismo mágico: Ts'in Chi Huang Ti, após haver unido o mundo sob o seu cetro, queria também se assegurar do gozo do seu poder e reuniu grande número de magos de todas as procedências. Ele próprio peregrinava à montanha sagrada do leste, o Taichan, à qual fez oferendas e cuja divindade – que tinha poder sobre a vida e a morte – exerceu a partir de então importante papel no taoismo. Ele enviava mensageiros ao mar do leste; grande número de moços e moças navegara para o mar desconhecido, a fim de descobrir as ilhas dos bem-aventurados. Esse soberano reuniu centenas de magos em sua corte para preparar o elixir da vida.

Mas o fundador da dinastia Han também simpatizava muito com o taoismo. Muitos dos seus heróis e conselheiros estavam ligados às artes mágicas taoistas, como o enigmático Tung Fang So, em que se via, já depois de cem anos de sua morte, uma reencarnação de Lao-Tzu, ou como o seu mais fiel amigo Chang

Liang (189 a.C.). A lenda que se formou em torno de Chang Liang é característica: na juventude, ele encontrou um homem muito velho, que estava sentado e tinha deixado cair do pé uma sandália. Chang Liang apanhou-a respeitosamente; logo após o velho marcou um encontro com ele para dali a cinco dias, num lugar determinado, onde queria comunicar-lhe algumas revelações importantes. Chegando ao local, encontrou o velho, que já o esperava e ralhou com ele devido ao seu atraso, mandando-o vir em outro dia. Só na terceira vez, porém, Chang Liang, que não se deixara assustar, conseguiu chegar na hora. O velho deu-lhe então um livro, cujo estudo faria dele o preceptor do imperador. Ao mesmo tempo, mandou-o voltar treze anos depois ao mesmo lugar, onde ele, o velho, queria revê-lo. Explicou-lhe que adotaria a forma de uma pedra amarela (*Huang Chi*). O livro conferiu a Chang Liang a sabedoria com a qual granjeou o sucesso para seu senhor e amigo. É dito que, ao voltar àquele lugar treze anos depois, viu realmente uma pedra amarela e reconheceu nela o seu velho instrutor.

Um descendente de Chang Liang, nascido em 34 d.C., foi Zhang Tao Ling. Era natural das margens do T'iăn Mu Chan, na atual província de Chekiang, perto da foz do Yang-Tsé. Desde muito cedo já se dedicava aos ensinamentos taoistas. É dito que aos 7 anos já dominava o *Tao-Te King*; desprezava todas as honrarias e tesouros terrenos e rumou para o oeste, para o misterioso mundo das montanhas de Sichuan, hoje lugar de origem de todos os milagres e doutrinas secretas da China. Ali encontrou – após uma estada cheia de ascese e meditação –, de modo sobrenatural, o próprio Lao-Tzu que lhe deu um escrito mágico secreto. Posteriormente, ele voltou à montanha do Dragão e do Tigre (Lung Hu Chan), na província de Jiangxi, onde obteve a imortalidade.

Seus sucessores e descendentes receberam, mais tarde, dos soberanos das dinastias We, T'ang e Sung, a posse de terras, tendo os mongóis também demonstrado a eles sua generosidade. O título T'iän Chi, "mestre do céu", tornou-se hereditário na família. É o mesmo que ocorre com o Dalai Lama; trata-se sempre da mesma personalidade que se reencarna. Nesse caso, é sempre Chang Tao Ling que se reencarna numa das crianças da família, por ocasião da morte do respectivo mestre do céu, o que sempre é anunciado de modo sobrenatural. Às vezes, a função de mestre do céu recebeu o nome de "papa taoista". Não é de todo justo esse nome, porque o mestre do céu tem, na verdade, domínio absoluto sobre todos os demônios e espíritos, submetidos sem resistência às suas fórmulas mágicas; porém, em relação à "igreja" taoista – até onde se pode falar de uma –, ele exerce apenas uma influência moral, sem base constitucional.

Até aqui nos foi possível acompanhar o desenvolvimento do taoismo. Sob a influência do budismo e na luta que travou contra a invasão deste, o taoismo evoluiu para algo inteiramente diverso do que originariamente estava contido nele. Mas a apresentação dessas mudanças já não faz mais parte da visão geral do taoismo ligado a Lao-Tzu, mas da história geral das religiões da China.

Lao-Tzu encontra Yin Hi na fronteira. (Gravura em madeira.)

Notas Suplementares

PRIMEIRA PARTE

I

Em certo sentido, essa seção constitui o fundamento teórico de toda a obra. Ela começa com a definição das noções de *Tao* e *nome*, em contraste com a sua aplicação habitual de sentido puramente prático. Na época da decadência da dinastia Chou, o *Tao* (ou "caminho" – ver a Introdução) era frequentemente entendido como o conjunto de instruções, transmitido pelos reis antigos, destinadas à orientação do povo. Não é esse "*Tao*", limitado historicamente, que Lao-Tzu tem em mira. Seu conceito (*nome*) para ele é atemporal e não se aplica a nada que exista empiricamente. Desse modo, Lao-Tzu deixa de lado o fundamento da transmissão histórica e se inclina para a especulação. Aí ele encontra a existência em sua dupla forma: no ser absoluto em si e *per se* e na existência. Na forma negativa do ser absoluto está a possibilidade da existência do mundo (do espiritual = céu, e do material

= terra), enquanto, dentro da existência, realiza-se o nascimento constante dos seres individuais. Em conformidade com isso, formula-se o conhecimento: a orientação para o absoluto leva ao conhecimento do além (do "pensar"); a orientação para a existência leva ao conhecimento do mundo da individuação estendido no espaço. Mas essas duas orientações (Spinoza diria "pensar" e "ser") são apenas atributos do Todo Unitário; ambas são idênticas na essência e diferentes somente na aparência. Para esclarecer essa unidade, podemos recorrer ao símbolo do *Tai Gi* (princípio do princípio) – muito importante no pensamento chinês antigo e mais tarde usado para inúmeras brincadeiras –, isto é, a representação simbólica de "um estar dentro do outro".

Nesse símbolo, a parte branca do círculo, com um ponto preto, representa o princípio positivo ou masculino, enquanto a outra parte, preta, simboliza o princípio negativo, feminino, escuro. Essa figura simbólica significa o grande mistério da unidade do ser e do não ser (= μή ὄν, como sempre em Lao-Tzu, quando se trata do *não ser*). O mistério mais profundo do mistério seria então o que é chamado de *Wu Gi* (o *não princípio*, que fica além do *Tai Gi*), no qual todas as diferenças ainda não estão separadas e que se costuma representar simplesmente por um círculo:

É apenas, por assim dizer, a possibilidade da existência; é, em certo sentido, o caos. Comparar com a seção XXV. Com relação à "porta do *Tao*", ver *Os Analectos*, Confúcio, VI, 15.

II

Muito semelhante ao que está em Gênesis 3, o reconhecimento do bem e do mal é designado como o início do mal, ainda com a generalização de Lao-Tzu de que, no mundo dos fenômenos, onde todos os opostos se condicionam de maneira recíproca, a posição de um aspecto já implica forçosamente a posição do seu oposto. O "além do bem e do mal" exigido por Lao-Tzu é então muito diferente do de Nietzsche.

É particularmente interessante o Comentário segundo o qual o "bem" é a "síntese da beleza" e não algo qualitativamente diferente. Isso corresponde, de maneira absoluta, à terminologia de toda a obra. "Bom" pode ser traduzido, quase sempre, como "competente". Não é mais do que o ideal da verdade e da beleza transposto para a ação. [Nesse ponto, o velho pensador chinês está de acordo com os mais modernos métodos de tratar ideias mais elevadas.]

Com a frase estereotipada "assim também o sábio" costuma indicar-se a aplicação prática da exposição teórica. O "sábio" é o homem em harmonia com o *Tao*, é o "santo", o "profeta", que, como tal, é simultaneamente uma autoridade interior para o domínio do mundo. Segundo algumas fontes chinesas, essa fórmula é uma citação do *Fen Diën*, uma obra que se perdeu.

O ensinamento do "fazer sem agir", que perpassa todo o livro, é expresso aqui pela primeira vez. Esse pensamento é absolutamente análogo ao "nada fazer" de Tolstoi. Trata-se de deixar que as forças criadoras atuem no interior e por meio do próprio eu, sem que se queira acrescentar um favor a partir do exterior. Na verdade, já havia na China essa tendência como ideal e Confúcio também o menciona como o mais elevado (*Os Analectos*, XV, 4). Mas apenas os "místicos" o usam nesse sentido, de maneira tão iminente; e, desse modo, esse ensinamento pertence a todos os tempos. Compare-se, em relação a isso, com as opiniões de Goethe e de Spinoza (Ch. Schrempf, *A filosofia de Goethe*, I, p. 179ss.). Os versos de 5 a 10, rimados no texto original, são provavelmente uma citação oriunda de uma coletânea de épocas mais antigas.

III

Verso 8: o coração é a sede do desejo de coisas exteriores, alheias. Na enumeração chinesa dos cinco sentidos, o "coração" é posto no lugar do "tato", da "sensação". Quando o coração é vazio, o homem não está preso ao exterior pelo laço do desejo. O "corpo", os "ossos", são palavras figuradas que ilustram a base natural da existência humana. Suas necessidades precisam ser atendidas para que a insatisfação não desperte o desejo, que, por sua natureza, se estenderia em seguida às outras coisas. O conhecimento, no sentido de conhecimento exterior, também faz parte do mal; ver a seção II.

IV

A palavra "Di", que Strauss traduziu por "Senhor", significa, por um lado, os soberanos divinos das eras mais remotas e, por outro, o soberano considerado como o Senhor do Céu, o "ancestral", o deus mais elevado da respectiva dinastia. Quatro das frases são repetidas na seção LVI aqui omitidas. Em relação ao trecho muito difícil "não sei de quem possa ser filho" – que, lido de modo diferente, seria "filho de que homem ele é" – comparar com a seção XXV, onde se lê "não sei o seu nome".

V

"Bondade" ou "moralidade", conceitos mais elevados do confucionismo, são rejeitados como imperfeitos, por não irem além do interesse pessoal. Para os sacrifícios, eram confeccionados cães de palha ricamente ornamentados, os quais, depois de terem cumprido sua finalidade, eram jogados fora, sem dó. A imagem dos cães de palha do sacrifício caracteriza o fato de que todos os seres são ricamente dotados para cumprir a missão da sua espécie, o que, no entanto, nada tem a ver com algum "valor pessoal". O espaço entre o céu e a Terra, como lugar em que a vida foi gerada, é uma ideia que corresponde ao "firmamento" bíblico (Gênesis 1). A tradução de "flauta" está conforme a de Liang Ki Chau; em outro lugar, a palavra é traduzida por "fole". Os últimos dois versos indicam que a intuição que serve de base à imagem não pode ser expressa de maneira inteiramente inteligível.

VI

Essa seção é citada por Lië-Dsi como oriunda do *Livro do Imperador Amarelo*. O "vale" é um termo que aparece várias vezes (ver especialmente as seções XXVIII e XXXIX). Significa realmente o espaço vazio entre as montanhas e não o que costumamos entender como "vale"; nessa seção e na XXXIX, seu sentido figurado pode ser quase equiparado ao de "matéria" ainda não plasmada, invisível, uma mera possibilidade de ser. O "espírito" é, então, o elemento ativo e criador. O Comentário II diz a respeito: "Chama-se 'vale' porque não tem existência; chama-se 'espírito' porque, em razão disso, não é algo que não é". Poder-se-ia quase traduzir: "Espírito" e "matéria" são eternos em sua unidade. Em relação a esse trecho seria bom, aliás, lembrar que na China antiga os espíritos (*Chen*) eram localizados com frequência junto às montanhas. (Ver Chan Hai Ging.) O costume de enterrar as oferendas pode ser deduzido do culto ctônico, para o que podemos recorrer às pesquisas de Chavannes (*Le dieu du sol dans l'ancienne religion chinoise*). Segundo ele, ocorreu, no século VII a unificação das divindades da Terra (*Chê*) e da colheita (*Tsé*), na figura feminina da deusa da terra (Ti). Nesse trecho percebe-se, ainda, de maneira clara, essa origem do conceito, que, pelo fato de ser esse conceito filosoficamente muito profundo, indica uma proveniência ainda mais remota. Chamamos a atenção para a emoção de Confúcio a respeito de certos costumes ligados à veneração dos deuses ctônicos (*Os Analectos*, livro III, 21). A "porta da mulher misteriosa" deve ser entendida de maneira análoga à da seção I. Para bem compreendermos o verso 5, recorrer ao πάντα ῥεῖ de Heráclito pode ser útil. Certa vez, Confúcio também fez uma declaração que aponta na mesma direção (*Os Analectos*, IX, 16).

VIII

Na obra toda a água é utilizada como imagem do *Tao*, cujo poder está no fato de ela permanecer embaixo (em lugares que todos os homens desprezam). Em relação ao verso 6, comparar com Confúcio (*Os Analectos*, livro IV, 1). Esse, e os versos seguintes, são provavelmente citações oriundas de uma coletânea então existente. Só os dois últimos versos fazem parte novamente do contexto imediato. O antepenúltimo refere-se provavelmente à utilização de pensar em trabalhos públicos levando em conta o momento oportuno; esse princípio é encontrado com frequência na China antiga.

IX

Verso 1: o texto se refere à imagem de uma vasilha de água que não se deve encher a ponto de transbordar. A imagem seguinte refere-se ao fio de uma lâmina, cujo sentido é: o que é afiado demais torna-se denteado. No penúltimo verso dessa seção, alguns tradutores acrescentam: "Quando a obra está realizada, segue-se a fama", adição que não corresponde ao pensamento geral da obra, além de quebrar o ritmo da frase. Trata-se, provavelmente, de uma deturpação da seção XVII, que diz: "Terminada a obra, os negócios seguem o seu curso" (literalmente "caminham"), que foi transposta para essa seção.

X

O início, na sua forma atual, não oferece de fato um sentido claro, e temos de nos satisfazer com uma provável deturpação do texto. Supostamente, o sentido geral é este: "A unidade de esforços resulta numa vida indivisa que, como tal, pode resistir à morte". Comparar com as seções XXII e XXXI sobre efeito da unidade. Verso 12: a palavra traduzida por "fêmea de um pássaro" significa, originariamente, a fêmea de qualquer pássaro. É bem possível que aluda a um obscuro mito da criação. Comparar com o conceito do Espírito Santo na forma de uma pomba branca, na terminologia cristã, e com a representação do Espírito que paira sobre as águas em Gênesis 1. Comentaristas posteriores acharam que as "Portas do Céu" são as aberturas do corpo. Versos 13 e 14: o contraste entre a intuição interior e o conhecimento discursivo, que encontramos em Lao-Tzu de ponta a ponta, e que tinha sido levado a mal pela escola confuciana, embora Confúcio considere também o conhecimento inato e intuitivo como o mais elevado (*Os Analectos*, livro XVI, 9).

XII

As cinco cores são: o azul (ou o verde), o vermelho, o amarelo, o branco e o preto. Os cinco sons são: dó, ré, mi, sol, lá. Os cinco condimentos, literalmente, "cinco tipos de sabor" são: o amargo, o salgado, o doce, o azedo e o picante. O trecho enfatiza a importância de cultivar-se a independência interior e a necessidade de evitar entregar-se ao desejo pelas coisas exteriores do mundo dos sentidos. Ver a seção III. A frase final é, ainda uma vez, uma locução estereotipada. Comparar com a seção LXXII.

XIII

O texto dessa seção está muito alterado. É evidente que, depois do verso 2, foi inserido o trecho de um antigo comentário.

Usamos sua interpretação para a tradução dos dois primeiros versos. A frase final se repete em versão dupla.

XIV

Os três nomes do *Tao* – "semente", "sutil" e "pequeno" – designam sua transcendência. As tentativas de ver nos sons chineses *I*, *Hi*, *We* o nome hebraico de Deus podem ser definitivamente encerradas. (Sabe-se que Victor von Strauss ainda acreditava nisso; ver a sua tradução.) Não se pode negar que haja algum paralelismo entre esse esboço do conceito de *Tao* (da divindade) e o israelita. No entanto, essas concordâncias são também muito compreensíveis, sem que tenha havido contato direto. Essa concepção da divindade indica simplesmente determinado grau de desenvolvimento da consciência humana em seu conhecimento do divino. Além disso, não se pode deixar de considerar a diferença fundamental entre a concepção impessoal, panteísta, de Lao-Tzu e a da bem elaborada personalidade histórica do deus israelita. Os últimos versos referem-se à atemporalidade histórica dessa verdade. Nessa verdade, o passado e o presente são uma coisa só. O histórico, que tem papel tão importante para Confúcio, reduz-se a nada para Lao-Tzu, por não ter importância alguma. É verdade que ele aplica repetidamente antigos conceitos de verdade (ver as muitas citações), mas apenas até onde estes coincidam com sua própria abordagem. Ele se coloca ao lado delas, mas não se baseia neles (ver a seção seguinte).

XV

É possível que os últimos versos da seção anterior estejam relacionados mais estreitamente com essa seção. A descrição dos antigos "Mestres do Misticismo" pode se aplicar tanto ao próprio Lao-Tzu como a qualquer outro místico. Faz parte da natureza do místico permanecer oculto ao mundo exterior, visto que não é mais capaz de considerar a vida exterior como algo sério; isso o torna incompreensível. A maneira irônica e muitas vezes bastante sarcástica desses místicos é conhecida também a partir da vida de Confúcio (*Os Analectos*, livro XVIII, 5, 6, 7 e 8). Confúcio sempre se sentiu particularmente indefeso diante dessas pessoas. A tradução dos últimos nove versos foi feita segundo o texto do Comentário II, que oferece menos dificuldades do que as outras variantes. De acordo com o texto de Wang Bi, dever-se-ia traduzir: "Quem pode clarear água turva mantendo-a imóvel? Quem pode produzir a calma movimentando-a por longo tempo?". Nos últimos versos, pode-se constatar novamente uma relação com a seção seguinte. O último verso é traduzido de acordo com o comentário de Wang Fu Djï, que destaca: "Permanecer humilde, não se renovar, aperfeiçoar-se". Outros acrescentam: "Ele pode manter-se humilde e evitar um novo ser". Não se pode admitir que esse "novo ser" seja uma alusão à ideia da metempsicose. A ideia parece referir-se mais exatamente a um "retiro num lugar isolado".

XVI

De algum modo, os versos 11 e os seguintes interrompem a relação de gradação. Foram provavelmente tirados de outra parte e inseridos para justificar a palavra "conhecimento", considerada inferior (ver seção III), ou seja, substituí-la para "clareza". O verso 10 se encontra na seção LV, num contexto melhor. A última frase, que aqui fica um pouco atrás, encontramo-la na seção LII. Em relação à própria gradação, diz o Comentário II: "O conhecimento da eternidade esvazia o coração, de modo que nele fica um espaço para acolher os seres" (comparar com a seção XLIX). No grau mais elevado, esse ser se equipara ao céu, que, por seu turno, tem seu modelo e objetivo no *Tao* (ver também a seção XXV).

XVII

A gradação ou hierarquia dos príncipes é muito característica. Nesse livro, os versos 6 e 7, que aparecem também na seção XXIII, foram deixados de lado. Com referência à segunda parte, veja-se a bela canção popular, que, segundo é dito, era cantada na época do imperador Yao:

> O Sol se levanta e vou trabalhar;
> O Sol se deita e vou dormir.
> Cavo um poço e bebo;
> Aro um campo e como.

O imperador – o que é que ele me dá?
(Não é ao imperador que agradeço tudo isso, mas ao meu próprio trabalho.)

XVIII

Esses paradoxos ilustram a frase teórica dos versos 1 e seguintes da seção II e a segunda metade da seção XXXVIII. O significado dessa seção revela que, enquanto tudo está em ordem, as virtudes citadas são tão comuns e lógicas que não são observadas. Um bom exemplo disso pode ser encontrado na pequena história, na qual se conta que, certa vez, um chinês teria oferecido a um japonês um livro sobre os famosos 24 exemplos da piedade filial. Este teria manifestado sua admiração pelo fato de a piedade ser coisa tão extraordinária na China que, numa dada história, se pudessem encontrar apenas 24 exemplos. No Japão, ao contrário, a piedade seria uma regra tão lógica que nem se falava dela e que, na história japonesa, poder-se-ia encontrar, no máximo, 24 exemplos de falta de piedade. No verso 5, os "parentes" referem--se literalmente aos seis graus de parentesco: pai, mãe, irmão mais velho, irmão mais novo, esposa e filhos.

XIX

A volta à natureza é o abandono do caminho da civilização: en-tão, de novo, todas as situações se corrigirão por si mesmas.

Também encontramos aqui a antítese da tendência que teve em Confúcio seu representante principal. Confucianos posteriores, especialmente Han Yü, serviram-se justamente desses enunciados paradoxais para combater apaixonadamente Lao-Tzu, denunciando-o como obscurantista. O primeiro verso da seção seguinte foi anexado aqui.

XX

Essa seção muitas vezes é mal interpretada por não se atentar para a analogia dos versos 1 e 2 e, desse modo, costuma-se traduzi-los assim: "Entre o 'definitivamente' e o 'provavelmente', isto é, entre a forma clara e masculina e a forma hesitante e feminina de afirmação não há, na verdade, alguma diferença especial. No entanto, como é enorme a diferença entre o bem e o mal!". Nossa opinião é defendida, aliás, na seção II. Ao entender-se a amarga ironia dos versos 3 e 4, como se fosse uma advertência banal, fecha-se o caminho para a compreensão das trágicas queixas do solitário individualista em meio ao mundo humano indestrutivelmente alegre. As queixas de isolamento daquele que, "no meio de larvas, é o único coração sensível", são muito interessantes do ponto de vista da história religiosa, por serem o avesso do individualismo religioso. Trata-se aí de um fenômeno típico, ligado sempre, obrigatoriamente, à obtenção de um grau mais elevado do desenvolvimento. Isso é particularmente interessante porque, na China, a psique social tem mais importância que a psique individual. Seguimos a tradição que mais prevalece: "Ó solidão, quanto tempo vais durar?" – enquanto outros pretendem explicar: "O conhecimento do sábio é ilimitado e imensurável". "Somente eu, tão hesitante, não recebi sinal algum." O "sinal" é o oráculo, que é consultado antes de cada empreendimento importante (na Antiguidade, usava-se um casco de tartaruga queimado em cujas rachaduras liam-se as respostas) e que deve falar antes que se possa fazer qualquer coisa. É bem possível que, nesse ponto, isso deva ser entendido de um modo mais amplo. Ver as queixas de Confúcio, por não lhe haverem dado nenhum sinal (*Os Analectos*, livro IX, 8). "Inquieto – ai! – como o mar" – seguimos aqui o texto de Wang Bi. A outra variante é: "é inquieto como se mergulhado na servidão".

XXI

Nessa seção está traçada a linha descendente do *Tao* até a realidade, correspondente à linha ascendente da seção XVI. Ver ainda a seção XXV. Interpreta-se também de modo diferente a parte final (ver Comentário II): "Desde sempre até hoje, seu nome é imprescindível, porque dele nascem todos os princípios". A origem de todas as coisas no *Tao* possibilita a sua compreensão em virtude do *Tao*, isto é, como a existência tem uma lógica imanente, pode ser entendida de modo lógico. (Essa conclusão também é encontrada, de modo semelhante, na seção LIV.)

XXII

No início, temos novamente um adágio rimado (no original), designado no final expressamente como uma proclamação dos anciãos. Comparar com o verso 1 da seção LXXVII: a imagem da lua, primeiro, incompleta e, depois, cheia. No verso 2: A imagem de uma lagarta ou de uma corda, aludindo às alternativas de tensão e de relaxamento. O verso 3 alude a uma depressão no solo que se enche de água. Comparar com Mêncio IV, B, 18. Verso 4: A imagem de uma árvore, cujas folhas se renovam. A aplicação exprime de um modo positivo aquilo que, na seção XXIV, é expresso de modo negativo. Os dois versos: "ele abraça a unidade" etc., encontram-se, de modo semelhante, na seção XXXIX.

XXIII

A segunda parte apresenta grandes dificuldades. Nas diferentes edições o texto também é diferente, o que nos faz suspeitar que houve deturpação. Há diferenças marcantes quanto à interpretação da palavra que, no texto, é apresentada como "pobreza" e que tem o sentido literal de "perder". Não menos difícil é a expressão traduzida, no texto, por "vir alegremente ao teu encontro", e que diz literalmente "alegrar-se por receber". O Comentário II, assim como Saint Julien, omite o "alegrar-se"; assim, o texto passa a ser mais fluente; no entanto, é questionável se não houve uma facilitação posterior. Wang Bi tem o mesmo conceito de "perda" que demos no texto. Diz ele: "O sábio pode suportar tudo e identificar-se com tudo – então, também com a perda, com a pobreza". Outros, como Strauss, por exemplo, entendem "perda" como "corrupção" que a torna uma tradução impossível: "Aquele que, procurando o *Tao*, consegue unir-se a ele em essência, será acolhido com alegria e assimilado pelo *Tao*".O *Tao* favorece e realiza suas aspirações e se alegra por conservá-lo. De modo semelhante, *Te* (que traduzimos por *vida*) é aqui, como a corrupção, personificada de maneira retórica ou ainda pode ser comparada àqueles que se identificaram com ela. Mas a corrupção se alegra em perverter quem se une a ela (também aqui o texto se baseia numa variante) (Strauss, 1. c., p. 123). Para isso é preciso dizer que essa personificação da atmosfera panteísta de Lao-Tzu é igualmente impossível para a sensibilidade estilística dos chineses até três gerações depois dele. Por outro lado, há a interpretação de Carus (1. c., p. 109): "When identified with reason, he forsooth joyfully embraces reason, when identified with virtue, he forsooth joyfully embraces loss" ["Quando se identifica com a razão, de fato alegremente ele adota a razão; quando se identifica com a virtude, de fato alegremente ele adota a perda"]. Gramaticalmente, também essa interpretação é possível. Saint Julien traduz: "Celui qui s'identifie ao Tao, gagne le Tao" ["Aquele que se identifica com o *Tao*, obtém o *Tao*"] etc. O Comentário II vê nisso a expressão da recompensa que cada um recebe segundo o valor dos seus atos. Em suma, é preciso desistir da interpretação dessa frase. O último verso relaciona-se com a seção XVII.

XXIV

Comparar com a seção XXII. No final a expressão "tumor purulento" está traduzida também como "comportamento que aborrece". O sentido seria então: "Quem se vangloria estraga o mérito que tem aos olhos de seus contemporâneos ('as criaturas' = os deuses e os homens) devido à sua presunção e, desse modo, torna-se maçante". Ver, no Novo Testamento: "Eles já receberam a sua recompensa..." [Mateus 6.1-4].

XXV

A expressão que traduzimos por "homem", na verdade significa "rei", isto é, o soberano supremo da Terra, o representante da humanidade, guardião da ordem moral na Terra. Na repetição, Lao-Tzu substitui a expressão simplesmente por "homem". À tríade habitual – Céu, Terra e Homem – é acrescentado um quarto elemento, que envolve a todos: o *Tao*. A respeito da gradação, ver a seção XVI.

XXVI

Na China, é sempre necessário levar consigo uma "bagagem pesada", porque nos albergues não se encontra nada. Mais de um europeu, viajando pela China e com pressa de continuar a viagem, sentiu amargamente essa verdade. Chegava à noite ao albergue desprevenido e suas roupas de cama ainda estavam muito distantes dali. Por essa razão, essa imagem é muito plástica. No penúltimo verso, encontra-se uma variante do texto: "Pela leviandade, perdem-se os ministros. Pela inquietação, perde-se o soberano". Porém, nossa tradução é amparada pelos versos iniciais da seção.

XXVII

Essa seção também se inicia com uma sequência de provérbios rimados. Os quatro primeiros versos que hoje aparecem em todas as edições são encontrados, segundo a observação do editor de Wang Bi, apenas em Ho Chang Gung, e teriam faltado nas edições mais antigas. A respeito das frases sobre os homens bons como preceptores dos maus e destes como matéria de estudo dos bons, comparar com Confúcio (*Os Analectos*, livro II, 20). A elevada estima pelos mestres e o amor pelo material humano de estudo é concebido por alguns como um dever mútuo. Porém, isso não dá um bom efeito. É melhor admitir que o sábio ama todas as pessoas, não só as apresentadas como mestres, mas também as confiadas aos preceptores para serem instruídas. Só assim as observações finais adquirem um sentido coerente.

XXVIII

Essa seção compõe-se de três versos articulados simetricamente que são conclusivos em si mesmos. A menção à simplicidade, no final, provocou depois o acréscimo de alguns aforismos sobre o mesmo tema. Nesse texto, eles foram deixados de lado. Trata-se provavelmente de fragmentos da seção XXXVII. O "incriado", da segunda estrofe (*Wu Gi*), é o estado em que ainda não houve a separação dos opostos e está situado antes do princípio primordial (*Tai Gi*). Sobre o "vale do mundo", ver as notas a respeito da seção VI.

XXIX

O "mundo", literalmente "o que está debaixo do céu", é não só o *orbis terrarum* dos romanos, mas também o "reino". "Coisa espiritual" (*Chen Ki*), é uma expressão antiga, literalmente "instrumento espiritual", ou seja, "divino". A expressão provém, provavelmente, dos lendários nove vasos sacrificiais que, confeccionados pelo grande Wu, passaram de geração em geração como símbolo de domínio sobre as nove províncias daquele período. Usada aqui em sentido figurado, como "reino", significando tratar-se de um organismo espiritual que não deve ser abordado por meio de artifícios exteriores. Há também, nessa seção, de novo, algumas rimas, cujo conteúdo é estranhamente análogo à *Canção Copta II*, de Goethe, embora as aplicações de uma e de outra sejam diametralmente opostas.

XXX

O "soberano dos homens" é uma expressão diferente para "príncipe". O verso 3 permite também que se diga: "porque essas ações caem sobre a própria cabeça" (sobre os seus autores). Os versos 4 e 5 falam do efeito da guerra sobre os homens; os versos 6 e 7 abordam o efeito da guerra sobre as forças naturais perturbadas por esta. O sentido da passagem seguinte é que a guerra deve ser considerada apenas um mal necessário, sem nenhum objetivo próprio. Os três últimos versos, aqui omitidos, são da seção LV, onde combinam melhor com o texto.

XXXI

A seção toda parece antes um comentário sobre a seção precedente, cuja inserção no texto aconteceu posteriormente. Wang Bi o omite sem nada dizer. É dito que essa seção não existia nos antigos manuscritos. Ver o Posfácio sobre Wang Bi.

XXXII

Os versos de 2 a 9 interrompem o texto e é provável que tenham sido tirados da seção XXXVII de modo semelhante ao que ocorreu no final da seção XXVIII. Essa seção que, em alguns pontos, se relaciona com a seção I, nos dá a opinião de Lao-Tzu a respeito da questão da retificação das designações, evidentemente um tema muito discutido em seu tempo sobre o assunto, ver Confúcio (*Os Analectos*, XIII, 3) e O. Franke [*Sobre a doutrina chinesa dos conceitos*, Leiden, 1906].

XXXIII

Trata-se de uma série de antíteses, cuja segunda parte representa, dessa vez, o nível superior, o que nos levou a trocar os versos 5 e 6 do texto original, a fim de atingir o sentido de Lao-Tzu. A última palavra (*Chou*) deve ser entendida no sentido de "vida eterna".

XXXIV

Trata da onipresença do *Tao*. Há algumas concordâncias com a seção II. No texto, há algumas variantes; em lugar de "Ele veste e alimenta todas as coisas", encontra-se, em outras versões, "Ele ama e alimenta".

XXXV

Começa novamente com quatro frases rimadas. "O grande arquétipo" corresponde ao *Tao*. Comparar também com a seção XIV.

XXXVI

Para iniciar, novamente, uma série de frases paradoxais, cuja aplicação prática é de uma ousadia maquiavélica. Os dois últimos versos referem-se, provavelmente, ao fato de se tratar de uma sabedoria esotérica. Por isso, traduzimos a expressão *Li Ki* por "meios de ação" e não por "armas cortantes", como preferem alguns comentários. A respeito dessa expressão, ver a seção LVII, onde a traduzimos por "instrumentos afiados".

XXXVII

Sem dúvida, pertencem a essa seção as passagens dispersas nas seções XXVIII e XXXII. Porém, desistimos de fazer uma reconstituição.

SEGUNDA PARTE

―◦◦◦―

XXXVIII

A gradação da ação oferece certas dificuldades, porque o mesmo grau ("agir e ter algo em vista") surge duas vezes: em relação aos que não estimam a *vida* e em relação aos que amam a justiça. A melhor maneira de afastar essa dificuldade é entender o "não estimar grandemente a vida" como uma expressão que engloba o amor (moralidade), a justiça e os costumes (ritos). O "agir e ter algo em vista" seria então a média dos três, que é, de algum modo, sobrepujada pelo amor, enquanto a moral não a atinge. [Na versão de 1925, R. Wilhelm eliminou ambos os enunciados sobre o fato de "não estimar grandemente a vida".] O amor age e nada tem em vista, isto é, não busca algo para si. Bem drástica é a descrição do comportamento moral, que, com suas etiquetas, é capaz de escravizar de maneira insuportável. A próxima etapa – "se o *Tao* está perdido" etc. – tem, no texto original, uma significação um tanto ambígua na tradução. Ou significa: "se o *Tao* está perdido" etc., em analogia com a seção XVIII. Porém, essa interpretação não oferece um sentido satisfatório nessa primeira parte. Por isso, talvez seja melhor interpretá-la como: "quando se perde o *Tao*, perde-se com ele a *vida*" etc. Tudo isso está na mais franca oposição ao confucionismo, a cujos conceitos mais elevados (amor, justiça, bons costumes) é negado valor. É verdade que a fé, a quarta das virtudes cardeais confucianas, é reconhecida, mas designada como incompatível com os bons costumes, enquanto a quinta, a "pré-ciência", é designada como aparência do *Tao*. O "homem correto" é identificado objetivamente com o "sábio", apesar de a expressão ser diferente. O último verso é repetido em vários trechos.

XXXIX

A "unidade" é precisamente o *Tao*. A aproximação entre os deuses e o vale lembra a seção VI. Em muitas edições, falta o trecho sobre "todas as coisas" (verso 6). Comparar o enunciado a respeito de reis e príncipes com a seção XXII. A expressão traduzida por "modelo" (verso 8) varia, nas diversas edições, e, em seu lugar, há também "pureza", "castidade". Em vez de "se reis e príncipes por isso não tivessem sido elevados", outras edições repetem a expressão "modelo". As expressões "solitários, órfãos, destituídos de mérito" são as autodesignações oficiais dos soberanos em relação ao céu. O trecho repete-se na seção XLII. A imagem do carro – cujo texto é também incerto, tanto que o Comentário II admite ser uma deturpação – provavelmente deva ser interpretada da seguinte maneira: "assim como o carro não pode existir sem os seus diversos componentes, o príncipe não pode existir sem os seus súditos". A interpretação inversa, segundo a qual a noção de "carro" expressa mais do que os seus componentes, lembra muito certos conceitos budistas que negam ao homem individual o *Atman*, o "eu".

XL

O "retorno" corresponde ao movimento circular; por isso, o *Tao* está encerrado em si mesmo e é inesgotável. A "fraqueza" é um efeito qualitativo e não quantitativo. O "não ser" é aquilo que não se manifesta, o valor qualitativo: a teleologia e não a causalidade como princípio esclarecedor.

XLI

É fácil entender a primeira parte. No entanto, a citação do poeta sobre os versos contém muitos paradoxos. Nessa citação, a palavra *Tao* aproxima-se mais do que comumente do significado de "caminho". A discrepância entre o ser e a aparência, expressa nesses versos, baseia-se no fato de que todas as virtudes, em seu mais alto desenvolvimento, nada fazem para se destacar. Compare com: "não saiba a tua mão esquerda o que faz a tua direita"

[Mateus 6.3b]. O grande quadrado não tem cantos, porque é infinitamente grande e, por isso, escapa à percepção finita. Uma ideia parecida com essa é encontrada no "grande som", que ultrapassa a escala do audível.

XLII

Essa seção contém duas partes distintas, a primeira das quais é cosmogônica. A unidade é *"Wu Gi"*, a dualidade, *"Tai Gi"*, com a sua separação em Yin e Yang. Comparar com as observações sobre a seção I. O terceiro fator, a "força da força", é, por assim dizer, o traço de união das duas energias dualísticas. A segunda metade é uma repetição parcial da seção XXXIX. O último verso também é traduzido da seguinte maneira: "Quero ser chamado pai (= fundador) desse ensinamento". No entanto, nossa tradução é confirmada pelos Comentários.

XLIII

"A coisa mais macia", isto é, a que não oferece resistência. Aqui, ainda, "o que não existe" deve ser interpretado como o não espacial, capaz de penetrar, em todos os pontos, o que é espacial.

XLV

As frases rimadas formam uma analogia com as da seção XLI.

XLVI

"Quando o *Tao* reina sobre a Terra"; aqui *Tao* não é usado em seu significado estrito, mas como: "quando prevalecem condições sensatas".

XLVII

Em lugar de "ele não precisa ver e, no entanto, sabe tudo", temos também... "e, no entanto, é capaz de comandar".

XLVIII

Sobre as duas últimas frases, comparar com a seção LVII. A expressão aqui traduzida por "reino" lá é traduzida por "mundo", para evitar uma colisão com o primeiro verso, onde há outra expressão para "reino". Contudo, objetivamente nada se altera.

XLIX

Essa seção também está de certo modo em oposição ao confucionismo. Confúcio vai tão longe que designa as próprias pretensões, ou seja, os desejos, como medida para tratar os outros. Lao-Tzu vai um passo adiante, colocando como ideal que cada um deve comportar-se de acordo com sua natureza essencial, o que significa ter a si mesmo como único objetivo. É esse o sentido dos dois primeiros versos. "O sábio não tem coração próprio", quer dizer literalmente: "nenhum coração teria uma orientação definitivamente determinada para o seu modo de agir". Que Lao--Tzu tem consciência de estar usando um paradoxo, o expressa nos últimos versos, nos quais declara que as pessoas olham boquiabertas para esse fenômeno fora do comum. Interessante é a motivação para a bondade e a fidelidade incondicional ao próprio ser (*vida*), que não pode sequer expressar-se de maneira diferente, seja qual for o comportamento do outro.

L

"Sair" significa ir do Não Ser para o Ser; "entrar" quer dizer ir do Ser para o Não Ser. Os "companheiros da vida" são os que se encontram na linha ascendente; os "companheiros da morte", os que estão na linha descendente. "Os homens que vivem e caminham para o lugar da morte" são aqueles que, em sua busca de vida, buscam o "permanente" (comparar com o *Fausto*: "Direi ao momento que passa: detém-te e permanece...") e, com esse permanecer, tornam-se um ponto vulnerável à morte. Nove em dez homens estão prometidos à morte. "Aquele que sabe viver bem a vida" é o décimo restante: os sábios. Como a maioria dos perigos só se refere ao eu individual, os sábios que estão livres desse eu não precisam temê-los. Com a renúncia ao seu eu individual, fortuito, perderam também o seu "ponto vulnerável à morte". Há outra versão dessa seção que, em lugar de traduzir por "três entre dez", traduz "treze". Segundo essa concepção há treze forças de vida, treze forças de morte, treze lugares vulneráveis; no entanto, essa interpretação não se sustenta, não só em vista do próprio contexto, mas também pelo fato de ninguém saber o que fazer com os misteriosos três vezes treze. Com isso, é fácil perceber como as brincadeiras taoistas posteriores tiravam partido dessa versão. Depois, surgiu a busca de remédios miraculosos contra o dente do tigre e os ferimentos causados por arma. O ramo derradeiro dessa crença supersticiosa foi o movimento dos *boxers* com sua bênção das armas. Não é necessário sublinhar que tudo isso nada tem a ver com Lao-Tzu.

LI

Os dois primeiros versos referem-se ao estado em que se encontram as coisas antes da sua aparição no mundo manifesto, e os dois versos seguintes ao estado das coisas depois disso. São a sequência dos dois primeiros. As coisas que têm no *Tao* a causa da sua existência e na *vida* a energia que lhes permite existir criam para si mesmas uma forma exterior correspondente, e as circunstâncias levam essa forma a tomar seu aspecto definitivo, sem que para isso haja necessidade de uma intervenção especial. Esse processo natural é a razão pela qual a suprema sabedoria consiste em se abster soberanamente de toda espécie de "fazer".

LIV

A sucessão dos níveis na ordem social – pessoa, família, comunidade, país, mundo – ajusta-se muito bem com aqueles que são citados na "grande doutrina" confuciana: pessoa, família, país, mundo. Atribui-se o fato de haver em Lao-Tzu outra palavra para "país" a mudanças na redação feitas por comentaristas chineses. Aliás, é interessante que Lao-Tzu mencione as comunidades rurais. Sobre o último verso, comparar com a seção XXI.

LV

Para compreender o triunfo sobre todos os perigos, ver a seção L. Aliás, encontra-se um paralelo a essa passagem nas promessas contidas no trecho apócrifo de Marcos 16-17ss. A frase "Nada sabe ainda sobre a união do homem e da mulher, e mesmo assim, o seu sangue se agita" etc., Strauss a reproduz com exatidão literal em grego: οὔπω γιγνώσχει τὴν τῶν γυναιχῶν ἀνδρῶν τε σύμμιξιν. χαίτο τὸ αἰδοῖον οτύετα΄— οπέρματος περισσεῖα. "Porque ela tem a plenitude da paz" significa o mesmo que harmonia interior. Para terminar, é interessante observar a imperceptível antítese: "Conhecer a paz significa ser eterno. Conhecer a eternidade significa ser claro" com os versos seguintes: ampliar a vida chama-se felicidade (a esse respeito, ver a seção L). Investir as suas forças (diríamos "força nervosa") em favor dos seus desejos significa "ser forte". Essa antítese é bem acentuada pela condenação que vem em seguida. Aqui, os últimos versos estão mais de acordo com o contexto do que na seção XXX.

LVI

Sem dúvida, a primeira frase antitética faz parte do contexto da seção LXXXI. A segunda é tirada da seção LII e as cinco seguintes são da seção IV. Todas essas frases sentenciosas têm uma melhor colocação em outros lugares do que nessa seção que dá uma descrição da superioridade acima de todos os sofrimentos e alegrias do mundo, da qual participa quem quer que tenha tomado conhecimento da verdade. "Portas", isto é, os órgãos dos sentidos, que deixam entrar o mundo exterior, assim como a boca é o órgão que permite a saída do mundo interior. "Boca" é chamada, aqui, de "*Touci*"; a respeito disso, ver o *Livro das Mutações*, nº 58.

LVII

A expressão "arte de governar" baseia-se numa conjectura sobre a expressão "retidão", encontrada na maioria dos textos. No entanto, na linguagem antiga, essas expressões às vezes podem ser trocadas. Nossa interpretação encontra justificativa no comentário japonês. Aqui nos deparamos novamente com a antítese paradoxal das duas primeiras frases com a terceira. As exposições objetivas estão, pelo seu lado negativo, em plena concordância com os pronunciamentos de Confúcio (*Os Analectos*, II, 1 e 3), mas este admite, ao lado da vida (= força de espírito), também a moral (= bons costumes) como fator essencial que, como se sabe, tem muito pouco valor para Lao-Tzu (ver a seção XXXVIII). No fim, em lugar da habitual aplicação prática, há a citação de um velho provérbio rimado.

LVIII

É bem claro o sentido dos quatro primeiros versos. Na sequência, há diversas variantes do texto. De acordo com a nossa versão, o sentido é mais ou menos este: o que inicialmente parece ser uma infelicidade (o governo exercido de uma maneira hesitante) revela-se com o tempo ser uma felicidade. O que parece de início ser uma vantagem (um governo enérgico, exigente, que leva o povo à fama e à honra) causa, com o tempo, infelicidade. É por isso que o bem supremo é não governar, caso contrário a lei se torna, pouco a pouco, importuna: "A razão passa a ser absurdo; o bem-estar, um tormento". E o povo permanece em constante cegueira (comparar com o *Fausto* I). Outra versão do texto faz uma separação depois do sexto verso, e declara em seguida: "Quem, no entanto, reconhece que a felicidade e a infelicidade, em seu ponto culminante, se convertem sempre uma na outra?". Depois, prossegue: "Se ele (o príncipe regente) não usar o método adequado, a ordem e o bem se converterão constantemente no seu oposto e o povo jamais sairá da sua cegueira". É possível que algo no texto não esteja bem, de modo que se pode decifrar o sentido geral, porém não a concatenação mais sutil dos pensamentos. Essa seção está estreitamente ligada à anterior pelo tema.

LX

Na parte referente aos espíritos e a seus efeitos, esse texto apresenta certas dificuldades. É principalmente questionável se se trata apenas dos espíritos dos falecidos ou se também dos espíritos da natureza. Embora gramaticalmente difícil, essa tradução poderia ser assim: "Se governarmos o mundo segundo o *Tao*, os espíritos da natureza não se manifestam como demônios (isto é, permanecem quietos). Sem levar em conta que os espíritos da natureza não se manifestem como demônios, os demônios não fazem mal ao homem, isto é, eles permanecem com seus efeitos normais, não há catástrofes naturais" (ver a seção XXX). "Sem levar em conta que os demônios não prejudicam o homem, também o sábio não prejudica o homem. Quando esses dois não se combatem, suas forças se unem com efeitos benéficos." As dificuldades mais frequentes são criadas pela palavra *"Fe"*, que traduzimos como "isso não quer dizer que", ou seja "não só", e que reproduzimos acima como "sem levar em conta que". Eliminá-la simplesmente, como quer Saint Julien, também não resolve, porque essa dificuldade aparece em todas as edições. Ainda assim, o sentido geral é claro: *"Quieta non movere!"*. Graças a um governo discreto e pacífico, o mundo invisível também permanece quieto, ao passo que, em tempos agitados, surgem "sinais e milagres".

LXI

O "correr rio abaixo" tem o sentido de "manter-se livre de pretensões, abster-se". A relação do grande reino com o pequeno, que tira proveito da mútua abstenção, consiste em que o grande reino, pela sua atitude discreta, leva o pequeno reino à adesão política (há exemplos disso na história chinesa), e o pequeno reino, graças a essa união, ganha em influência política e assegura para si mesmo proteção contra o ataque dos inimigos. Em geral, a teoria enunciada a esse respeito é a de que essa política que serve aos interesses comuns da maneira mais desinteressada, mantém a hegemonia.

LXII

A palavra que traduzimos por "pátria", em chinês "Au", significa, na realidade, o canto escuro do sudoeste da casa, onde se reúnem os deuses Lares. Parece, aliás, que no século VI, a veneração dos deuses Lares começa a decrescer em favor do deus do fogo doméstico, que se encontra atualmente por toda parte. Comparar com Confúcio (Os Analectos, III, 13). Ao aplicar ao Tao, em larga medida, esse tipo de divindade que mora em cantos escuros, de onde protege a casa – Lao-Tzu obtém uma imagem muito viva, que ele explica nos versos 2 e 3. É notável o fato de sua eficácia se estender também aos que não são bons. Comparar com o "Hino à Alegria", de Schiller:

Todos os bons, todos os maus,
seguem sua pegada de rosas.

Os dois versos sobre as belas palavras e a conduta honrosa foram reproduzidos de acordo com o texto de Huai-nan Tzu. O trecho apresenta muitas dificuldades. Sobre o trecho a respeito da nomeação do soberano e dos príncipes relativo aos versos anteriores, que dizem que estes deveriam ter cuidado para não excluir nem mesmo os maus, seguimos o Comentário II. O trecho seguinte parte da oferenda de presentes ao soberano. O *Tao* é aí caracterizado como a dádiva mais preciosa. Poder-se-ia dar também a seguinte versão: "Melhor que um ministro, que (domina todas as formas exteriores e, na presença do soberano) segura respeitosamente o seu cetro de jade nas mãos e é conduzido por quatro cavaleiros, é aquele que, de joelhos (literalmente, "sentado", de acordo com o rito antigo) oferece o *Tao*". Os detalhes do cerimonial da corte aqui aludidos não precisam ser explicados extensamente, por não serem essenciais. A ideia do perdão dos pecados que aparece aqui, de maneira geral, é estranha à tendência confuciana nesse contexto religioso.

LXIII

A frase "Retribui o rancor com a Vida", traduzida geralmente como "Retribui injustiça com bondade", teve certa importância nas discussões daquela época. Lao-Tzu a defende, na seção XLIX afirmando que a nossa maneira de agir resulta obrigatoriamente do nosso jeito de ser e, por isso, não há outro jeito senão ser bom. Desse modo, ele vai além da ideia da "reciprocidade", que ocupa lugar tão importante nos sistemas pós-confucianos. Nesse ponto, Confúcio estava indeciso por razões de direito público (comparar com suas afirmações sobre essa questão em *Os Analectos*, XIV, 36), embora tenha aceito esse princípio no que concerne à moral individual (ver Li Gi 29, IIss.).

LXIV

A atenção prestada ao que é pequeno, que ainda não se fez notar, é um princípio defendido também por Confúcio (ver *Os Analectos*, XV, II). Parece, aliás, que estamos aqui, diante de uma citação extraída do *Livro dos Anais*. Comparar com Chou King IV, 5, 8 e 9: "Não faças nada destituído de valor que prejudique o que for valioso; assim tua obra se realizará. Não dês valor a coisas estranhas, descuidando-te das úteis; assim o povo terá satisfação. Não mantenhas cães e cavalos inadaptados ao clima. Não alimentes pássaros preciosos e animais raros do campo. Não aprecies as coisas distantes; assim as pessoas virão de longe. Sejam objetos da tua estima somente os dignos; assim, as pessoas da vizinhança terão paz. Ó, sê matinal e nunca te atrases por preguiça. Não negligencieis as ações insignificantes, porque, no fim, isso influencia a grande força da existência, tal como uma montanha de nove braços de altura à qual ainda falta a última cesta de terra". Ver a opinião de Confúcio sobre o assunto (*Os Analectos*, IX, 18).

LXV

Com relação ao esclarecimento do povo, as visões de Lao-Tzu e de Confúcio estão inteiramente de acordo (*Os Analectos*, livro VIII, 9).

LXVI

Em Wang Bi, sem comentário, tal como a apócrifa seção XXXI. Essa seção também não oferece nada de novo quanto ao assunto.

LXVII

O início dessa seção não está inteiramente claro no texto, e por tradição assim foi considerado. Em algumas edições, falta a palavra *Tao*, sem que isso interfira no significado. É significativa a interpretação preferida por alguns: "Todos dizem que o meu ensinamento é absolutamente inútil". O contexto corrobora a nossa interpretação.

LXIX

Essa seção está relacionada com as seções XXX e XXXI. "É melhor bancar o hóspede do que o senhor" significa que se deve orientar

os próprios movimentos pelos do inimigo. Esses preceitos paradoxais pretendem ser apenas uma expressão vigorosa das precau-
ções que devem ser tomadas na guerra. Antepenúltimo verso: é
preciso estabelecer uma relação entre as riquezas em questão e as
que são citadas na última seção. A crítica textual, aliás, não
considera intacto esse verso. No último verso, a maioria dos comentaristas modifica, melhorando, a palavra "*Ai*" (com o coração
pesado), por "*Yang*" (bater em retirada). A tradução seria então:
"O vencedor é aquele que bate em retirada".

LXX

Tal como Confúcio, Lao-Tzu tem também de se haver com o
problema da incompreensão. Talvez não haja nada mais caracte-
rístico da maneira de ser dos dois do que a forma diferente como
enfrentam esse fato. Não ser entendido é para Confúcio a grande
dor da sua vida, que provavelmente ele nunca chegou a superar.
O fato, desde a primeira frase de *Os Analectos*, em que ele fala da
necessidade de se mostrar superior à incompreensão mostra a
que ponto esse problema o perturba. Sabemos que não era a vaidade ferida que provocou nele essa situação, mas a consciência
que tinha de possuir os meios para ajudar o reino, enquanto não
se encontrava ninguém disposto a aplicá-los. Lao-Tzu supera isso
com soberano orgulho, consciente de que o fato de não ser compreendido é consequência da não compreensão do *Tao*, "senhor
e ancestral" dos seus ensinamentos, princípio que estes têm como

base. Ele faz parte da linhagem daqueles sábios que se resignaram de uma vez por todas, mencionados várias vezes em *Os Analectos*, de Confúcio, sobretudo no livro XVIII. O místico tem muita intimidade com essa visão; nesse particular, Lao-Tzu tem irmãos espirituais em todos os tempos e países.

LXXI

O pictograma que traduzimos por "mal", isto é, literalmente, "estar doente", é usado indiferentemente como substantivo e como verbo, e nisso se baseia o forte paradoxo dessa seção. Sobre o conhecimento, há uma afirmação semelhante em *Os Analectos*, de Confúcio, livro II, 7, significativo tanto pela sua concordância como pela sua divergência.

LXXII

A coisa terrível que as pessoas devem temer é, sem dúvida, a morte. Comparar com a seção LXXIV. De resto, são muito numerosas as explicações dessa passagem.

LXXIV

Essa seção é explicada de vários modos. Alguns veem nela apenas a recomendação para se limitar a pena capital ou, sem dúvida, a recomendação para reprimir o assassinato político; e traduzem os versos 3 e seguintes (nos quais as palavras entre parênteses podem ser subentendidas, mas, de qualquer modo, não estão no texto) deste modo: "Mantendo-se o povo no constante medo da morte, se alguém fizer algo estranho (isto é, algo ruim), eu vou à sua procura e o mato. Quem ousava (depois, fazer ainda algo ruim)? Mas há um (carrasco? – segundo outros, um juiz regularmente indicado) que deve decidir a pena de morte...". As muitas complementações que se fazem necessárias nesse caso mostram o quanto essa interpretação é forçada, sem levar em conta que essas ideias estão totalmente fora da esfera do pensamento de Lao-Tzu. Analisando a questão de outro ponto de vista, é fácil compreender que os comentaristas da China – onde atualmente a pena de morte é algo corriqueiro – aproximaram a explicação do texto da opinião vulgar. Não se esclarece quem é o "poder da morte".

LXXVI

O verso "se as árvores fortes são postas abaixo..." difere muito nos textos das diversas edições e causa dificuldades. É provável que aí haja uma adulteração.

LXXVII

O arco chinês, quando desarmado, curva-se para dentro; ao ser armado, precisa ser pressionado de volta, de acordo com a ilustração a seguir:

Arco desarmado: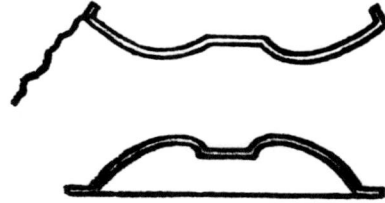

Arco armado:

Sobre o assunto, ver a seção XXII.

LXXVIII

Temos aqui, de novo, uma citação. As oferendas à Terra (ver a nota sobre a seção VI) constituem privilégio do soberano. O senhor das oferendas à Terra é, portanto, o príncipe ou o imperador. Chamar para si a culpa, como condição prévia da soberania, é uma ideia corrente na China antiga, assim como no oeste da Ásia e na Europa. Ver, a esse respeito, as orações dos reis Tang e Wu, citadas em *Os Analectos*, de Confúcio, XX, l. A frase final, em linguagem moderna, seria: "Muitas vezes a verdade parece paradoxal".

LXXIX

O sentido é, sem dúvida, este: em cada contenda, mesmo depois de apaziguada, subsiste um clima de discórdia. Para que isso não ocorra, deve-se evitar, de maneira geral, entrar em contenda, o que se torna possível quando reconhecemos apenas as nossas obrigações, sem reivindicar os nossos direitos (*Os Analectos*, de Confúcio, livro XV, 20).

LXXX

Na China, como no Peru, cordas com nós serviram como substituto da escrita. Comparar também com as runas. A descrição aqui feita da Idade de Ouro da volta à natureza, apregoada por Lao-Tzu como ideal, despertou muitos ecos na literatura chinesa. Um dos mais belos exemplos é o conto da fonte do bosque de pessegueiros floridos, de Tau Yüan Ming, que reproduzimos a seguir, na versão literária feita pelo doutor Gutherz, de Tsing-Tao.

A FONTE DO BOSQUE DE
PESSEGUEIROS FLORIDOS

Vivia outrora em Wuling, nos tempos de Tai Yüan, um pescador. Havia ali um rio. Navegando-o na direção da nascente, o pescador sabia se havia ido muito longe ou não quando se deparava com um bosque todo iluminado pelas flores dos pessegueiros que ladeavam as margens do rio, numa extensão de umas boas centenas de passos. Não havia outras árvores; só um belo capim cheiroso e fresco, sobre o qual se amontoavam as pétalas das flores dos pessegueiros. O pescador se admirou muito disso e foi ainda mais longe, porque desejava conhecer o fim do bosque. Porém, na orla deste havia uma montanha de onde brotava um rio; e havia também uma estreita passagem para o interior da montanha, que parecia envolta em luz.

Penetrou nela com dificuldade, mas poucos passos adiante a passagem se tornou ampla e luminosa e uma paisagem se estendia ao longe. Cabanas e casas muito limpas levantavam-se no meio de boas glebas de terra entre belos e rasos espelhos d'água. Caminhos se entrecruzavam e havia todos os tipos de bambus e muitas amoreiras. De uma aldeia para outra os cães e as galinhas dialogavam. Homens e mulheres semeavam os campos, como nós fazemos; crianças e anciões viviam satisfeitos e felizes em seus afazeres. Admiraram-se ao ver o pescador e o interrogaram. Depois que ele falou, convidaram-no a permanecer com eles, ofereceram-lhe vinho e prepararam frango para ele comer. Na aldeia, todos ouviram falar disso e foram fazer perguntas, e eles próprios contaram que outrora, nos tempos agitados de Tsin Chïn Huang, seus pais haviam emigrado com mulheres e filhos para lá e que, desde então, ninguém mais havia saído e, por isso, nada sabiam a respeito dos homens de fora. Perguntaram quem era o rei, mas não conheciam a dinastia dos Han, e menos ainda a dos We e dos Tsin. O pescador deu-lhes notícias de tudo quanto sabia e eles eram todo ouvidos. Desse modo passaram-se vários dias, o pescador sendo tratado como convidado e hóspede e alimentado com vinho e comida. Depois, na hora da despedida, eles acharam que não valeria a pena contar algo do que vira às pessoas de fora...

O pescador saiu, tomou o barco para voltar para casa; porém, antes, gravou bem na memória todos os pontos de referência à sua volta. Na capital do distrito, contou tudo honestamente ao mandarim e este mandou mensageiros à procura do que ele havia descrito. No entanto, estes se perderam e não acharam o caminho...

Conta-se que Liu Tsï Ki, sábio originário do sul, cheio de ânimo, reiniciou a busca. Porém, antes de ver o sucesso de sua jornada, adoeceu e morreu. Desde então ninguém mais tem perguntado pelo caminho.

BIBLIOGRAFIA CONSULTADA

Para o texto em prosa, tomamos por base:

Niĕn Erl Dsĭ Ho Ko (edição completa dos 22 filósofos), Shangai, 1894. Litogravura. Vol. I: Lao-Tzu, comentado por Wang Bi, com notas de crítica textual de Lu De Ming. Citado como Wang Bi.

Lau Dsĭ Dsi Gië, de Süo Hui (2 volumes). Xilogravura antiga de 1528. Comentário muito cuidadoso, que não apenas explica o sentido geral, tal como Wang Bi, mas contém ainda uma análise gramatical pormenorizada. O texto diverge bastante de Wang Bi. Citado como Comentário II.

Dau De Ging Tche, de Hung Ying Chau (2 volumes). Xilogravura da dinastia Ming, sem indicação de ano.

Lao Dsĭ Te Gië, de Dazai Shuntai (2 volumes). Obra de um japonês da escola de Butsu Sorai, ativo representante do confucionismo antigo e que, em idade avançada, converteu-se aos conceitos de Lao-Tzu. A obra foi concluída e organizada após a sua morte (1747) por um de seus discípulos.

Obras Completas, do erudito Wang Fu Dji (do fim da dinastia Ming); o volume contém um comentário de Lao-Tzu.

Além disso, na oportunidade, recorreu-se a uma série de outras obras chinesas, cuja enumeração seria por demais longa.

Foi estudado também um manuscrito da Biblioteca do mosteiro Taitsinggung no Lau Chan (perto de Tsingtau), sem que disso tenha resultado qualquer enriquecimento especial.

Das traduções para as línguas europeias, foram utilizados:

Em inglês:
Balfour, F. H. *Taoist Texts*. Londres, 1884.

Carus, Paul. *Lao-tze's Tao-The-King*. Chicago, 1898.

Giles, Lionel. *The Sayings of Lao Tzu*. Londres, 1905 e 1909.

Legge, James. *The Sacred Books of the East*. Vol. XXXIX, *The Texts of Taoism*. Oxford, 1891.

Medhurst, C. Spurgeon. *The Tao Teh King*. Chicago, 1905.

Em francês:

Julien, Stanilas. *Lao Tseu Tao Te King. Le livre de la voie et de la vertu, composé dans le VIème siècle avant l'ère chrétienne par le philosophe Lao-Tseu, traduit en français, et publié avec le texte chinois et un commentaire perpétuel.* Paris,1842.

Harlez, C. de. "Textes Taoïstes". In *Annales du Musée Guimet*, Tomo XX. Paris, 1891.

Rosny, Léon de. *Le Taoïsme.* Paris, 1892. (Não é tradução, mas uma pormenorizada coletânea de material.)

Em alemão:

Grill, Julius. *Lao-Tszes Buch vom höchsten Wesen und vom höchsten Gut.* Tübingen, 1910.

Hartmann, Franz. *Theosophie in China. Betrachtungen über das Tao-TehKing. Aus dem Chinesischen (?) des Lao-Tse übersetzt.* Leipzig, s/d.

Kohler, Joseph. *Des Morgenlandes grösste Weisheit. Laotse, Tao-te--King.* Berlim e Leipzig, 1908.

Strauss, Victor von. *Lao-tse's Tao Te King.* Leipzig, 1870.

Suplemento:

Do grande número de obras importantes e belas traduções de Lao-Tzu que surgiram desde então, queremos destacar apenas algumas:

Dubs, H. H. "The date and circumstances of the philosopher Lao-dz", in *Journal of the American Oriental Society*, 61, 1941, pp. 215-221.

Duyvendak, J. J. L. *Tao Tö King, le livre de la vertue. Texte chinois établi et traduit avec des notes critiques et une introduction.* Paris, 1953.

Duyvendak, J. J. L. *Tao Te Ching, the Book of the Way and Its Virtue, Translated from the Chinese and Annotated.* Londres, 1954.

Erkes, Eduard. *Ho-shang-king's commentary on Lao-tze.* Ascona, 1950.

Hu Shih. "A criticism of some recent methods used in dating Lao--Tzu", in *Harvard Journal of Asiatic Studies* 2, 1937, pp. 373-397.

Hu Tse Ling. *Lao Tsu Tao Teh Ching.* Traduzido e comentado. Chengtu, 1936.

Waley, Arthur. *The Way and Its Power. A Study of the Tao Tê Ching and Its Place in Chinese Thought.* Londres, 1934.

Wu, John C. H. "The Tao and its virtue". Traduzido e comentado, in *T'ien-Hsia Monthly* 9 e 10, 1939-1940.